essentials

essentials liefern aktuelles Wissen in konzentrierter Form. Die Essenz dessen, worauf es als „State-of-the-Art" in der gegenwärtigen Fachdiskussion oder in der Praxis ankommt. *essentials* informieren schnell, unkompliziert und verständlich

- als Einführung in ein aktuelles Thema aus Ihrem Fachgebiet
- als Einstieg in ein für Sie noch unbekanntes Themenfeld
- als Einblick, um zum Thema mitreden zu können

Die Bücher in elektronischer und gedruckter Form bringen das Expertenwissen von Springer-Fachautoren kompakt zur Darstellung. Sie sind besonders für die Nutzung als eBook auf Tablet-PCs, eBook-Readern und Smartphones geeignet. *essentials:* Wissensbausteine aus den Wirtschafts-, Sozial- und Geisteswissenschaften, aus Technik und Naturwissenschaften sowie aus Medizin, Psychologie und Gesundheitsberufen. Von renommierten Autoren aller Springer-Verlagsmarken.

Weitere Bände in dieser Reihe http://www.springer.com/series/13088

Lars Theßen

Mit Atemübungen zum Gefühlsausdruck

Wahrnehmung und Regulation der Emotionen in der Psychotherapie

 Springer

Dr. med. Lars Theßen
Berlin, Deutschland

ISSN 2197-6708   ISSN 2197-6716   (electronic)
essentials
ISBN 978-3-658-15707-4   ISBN 978-3-658-15708-1   (eBook)
DOI 10.1007/978-3-658-15708-1

Die Deutsche Nationalbibliothek verzeichnet diese Publikation in der Deutschen Nationalbibliografie;
detaillierte bibliografische Daten sind im Internet über http://dnb.d-nb.de abrufbar.

Gedruckt auf säurefreiem und chlorfrei gebleichtem Papier

Springer ist Teil von Springer Nature
Die eingetragene Gesellschaft ist Springer Fachmedien Wiesbaden GmbH
Die Anschrift der Gesellschaft ist: Abraham-Lincoln-Str. 46, 65189 Wiesbaden, Germany

Was Sie in diesem *essential* finden können

- Durch die Arbeit mit den spezifischen Gefühlsausdrucksmustern können wir primäre Gefühle von sekundären Gefühlen unterscheiden. Wenn wir die sekundären Gefühle, auch Ersatzgefühle genannt, durch die Arbeit damit vermindern und die primären Gefühle verstärken, fördern wir auch die Entwicklung der Persönlichkeit.
- Die Vorbereitungsübungen zur körperlichen Lockerung stellen eine günstige Voraussetzung für die folgenden Übungen mit den Gefühlsausdrucksmustern her. Dabei können sehr wichtige und unmittelbare Erlebnisse und damit verbundene Gefühle auftreten.
- Sie lernen spezielle Atemübungen zu den jeweiligen Gefühlsausdrucksmustern erlebnisnah kennen.
- Eine konkrete Anleitung zur Durchführung der spezifischen Gefühlsausdrucksmuster mit Atemübungen zu den Basisemotionen.
- Praktische Beispiele der Anwendung in Therapiesitzungen.

Inhaltsverzeichnis

Einleitung 1

In Therapieberichten zur Beantragung einer Psychotherapie liest man unter den Therapiezielen oft: „Förderung emotionaler Wahrnehmungs- und Ausdrucksfähigkeit". Und wenn man sich mit psychotherapeutischen Kollegen darüber unterhält, wie sie Therapiesitzungen gestalten, stellen wir überwiegend fest, dass Klient und Therapeut sich gegenübersitzen und über Gefühle sprechen, wie Gefühle wahrgenommen und ausgedrückt werden können. (Aus Gründen der besseren Lesbarkeit wurde im Text die maskuline Form gewählt. Die Angaben beziehen sich jedoch auf beide Geschlechter, es sei denn, es wird ausdrücklich auf ein Geschlecht Bezug genommen.) Praktische Übungen und Übungsanleitungen mit Emotionen in der Psychotherapie gibt es viel zu wenig, zumindest im Rahmen der gängigen Richtlinientherapien oder der Psychoanalyse. In diesem Buch soll gezeigt werden, dass mit Hilfe von Atemübungen und mit den dazugehörigen körperlichen Ausdrucksmustern gezielt bestimmte Gefühle angeregt werden können. Diese Übungen können leicht erlernt und in unterschiedlicher Intensität ausgeführt werden. Ein großer Vorteil besteht darin, dass die Durchführung nach Belieben sehr gut gesteuert werden kann. Darüber hinaus werden zwei Übungen gezeigt, mit denen die erzeugten Gefühle wieder neutralisiert werden können. Obwohl darüber schon längere Zeit gute Erkenntnisse vorliegen, sind diese bislang weitgehend übersehen worden.

Die Neuropsychologin Susana Bloch und ihre Kollegen konnten belegen, dass jede Emotion mit einer ganz charakteristischen Veränderung körperlicher Prozesse einhergeht. Sie beschrieb erstmals die von ihr sogenannten effector patterns (Bloch 1989, S. 317). Neuromuskuläre, hormonelle und biochemische Prozesse begleiten diese emotionalen Abläufe. Die Forscher konzentrierten sie sich innerhalb der vielfältigen Komponenten, die zum Ausdruck einer Emotion gehören, auf diejenigen, die Menschen im Allgemeinen willkürlich kontrollieren können. Später nannte Susana Bloch diese Methode Alba Emoting.

© Springer Fachmedien Wiesbaden 2017
L. Theßen, *Mit Atemübungen zum Gefühlsausdruck*, essentials,
DOI 10.1007/978-3-658-15708-1_1

Sie fanden heraus, dass Menschen durch bestimmte Atemübungen Gefühlsausdrucksmuster (effector patterns, Bloch ebd.) im Körper erzeugen und damit das entsprechende Gefühl anregen können. Nach einer Begegnung mit Susana Bloch 2010 habe ich viel mit diesen Gefühlsausdrucksmustern in meiner Psychosomatisch-Psychotherapeutischen Praxis gearbeitet. Die Erfahrungen damit haben mich und meine Arbeitsweise grundlegend verändert. Die Patienten kommen seitdem direkter und schneller zu den psychotherapeutisch bedeutsamen Wirkprozessen, die Therapien sind effektiver als vorher. Gleichzeitig konnte ich Erfahrungen in zahlreichen Workshops sammeln. Dabei habe ich mich meistens in dem mir gebotenen verhaltenstherapeutischen Kontext bewegt. Bei den Gelegenheiten jedoch, bei denen es mehr Freiheit zur Gestaltung gab, genoss ich es durchaus, auch mal den verhaltenstherapeutischen Rahmen zu verlassen. Kollegen aus der Gesprächstherapie, „Focusing"-Therapeuten, Gestalttherapeuten sowie psychodynamisch arbeitende Kollegen haben mir aus den jeweiligen Bereichen nützliche Hinweise gegeben und Anwendungsmöglichkeiten der beschriebenen Übungen in ihrer Wirkkraft bestätigt. Die Arbeit mit den Gefühlsausdrucksmustern ist Schulen übergreifend effektiv einsetzbar.

Wir nutzen die Atemübungen im psychotherapeutischen Prozess 2

Grundsätzlich bin ich durch Patientenbehandlungen und durch Erfahrungen mit Workshop-Teilnehmern zu dem Ergebnis gekommen, dass wir mithilfe von bestimmten Atemübungen Gefühle, die zu selten vorkommen, fördern können. Gefühle, die zu häufig vorkommen, können wir sehr gut mit Emotionsexposition behandeln. Zu häufig vorkommende Gefühle wie Angst, Traurigkeit oder Wut können mit therapeutischer Begleitung verstanden und bewältigt werden. Wir müssen dann nicht über Gefühle sprechen, sondern können sie im geschützten Rahmen der Therapie direkt erleben und wir erleben zugleich auch, wie unsere Patienten darauf reagieren. Viele sind überrascht und stellen fest, dass sie das Gefühl in Sekundenschnelle spüren konnten. Andere hätten es nicht für möglich gehalten, dass sie dieses Gefühl überhaupt haben können. Wiederum Andere empfinden es als unangenehm, dieses Gefühl zu haben, dann wird sehr oft eine Abwehrreaktion deutlich. Der Vorteil in der Therapie mit den Gefühlsausdrucksmustern besteht darin, dass Patient und Therapeut dies unmittelbar merken. Dann ist es möglich, direkt zu fragen, ob sie das Gefühl zurückhalten wollen, aus welchem Grund und wenn ja, wie? Wir bekommen über die Atmung viel mit vom Patienten; ein enormes Potenzial, das zu wenig genutzt wird. Auch der Gesichtsausdruck und die Körperhaltung sind eng mit den Gefühlsbewegungen verbunden. Freud (1890/1975, S. 13) stellte fest, dass sich fast alle seelischen Zustände eines Menschen in den Spannungen und Erschlaffungen seiner Gesichtsmuskeln äußern sowie auch in den Einstellungen seiner Augen, der Blutfüllung seiner Haut, der Inanspruchnahme seiner Stimme und in den Haltungen seiner Glieder. Hauke und Dall'Occhio (2015, S. 93) betonen, dass „sich die Bedeutung aller beteiligten Emotionen nur erschließt, wenn Patienten dazu angeleitet werden und es sich erlauben, diese auch psychophysiologisch möglichst direkt und intensiv zu erleben. Je nach Emotion können dabei problematische, toxische oder äußerst

© Springer Fachmedien Wiesbaden 2017
L. Theßen, *Mit Atemübungen zum Gefühlsausdruck,* essentials,
DOI 10.1007/978-3-658-15708-1_2

bedrohliche Erfahrungen, wie sie z. B. bei der Entstehung von Traumata anzutreffen sind, relativiert werden. Auch, wenn dies freilich keine angenehme Erfahrung darstellt, so kann dies dennoch einen wichtigen Schritt in der Therapie markieren." Hauke (2013, S. 175) fügt hinzu, „dass es bei der Herstellung von den insgesamt sechs Emotionen: Ärger/Wut, Angst/Furcht, Freude/Lachen, Traurigkeit/Weinen, Zuneigung/Zärtlichkeit und Sexualität/Erotik nicht notwendig ist, dass man sich auf bereits erlebte Szenen einlässt. Stattdessen werden diese Emotionen durch willkürliche Einstellung von drei Parametern – also bottom up – erzeugt: Atemmuster, Mimik und Körperhaltung." Bottom up heißt hier, dass von vornherein keine Vorstellung bzw. kein kognitives Konzept einer bestimmten Emotion vorhanden sein muss. Während der Atemübungen und nach den Atemübungen geschieht ein wichtiger Teil der Therapie: Patient und Therapeut fühlen gemeinsam. Die Aufmerksamkeit ist einerseits nach innen gerichtet und andererseits auf die Person gegenüber. Es ist ein emotionaler, körperlicher und kommunikativer Prozess. In der therapeutischen Nachbearbeitung wird das Erlebte in einer wertschätzenden Atmosphäre in seiner Bedeutung eingeordnet. Hier findet ein wichtiger „Mentalisierungsprozess" statt. Im Folgenden soll die Unterscheidung von primären und sekundären Gefühlen erläutert werden. Oft ist ein unmittelbares Gefühl da und daraufhin setzen blitzschnell weitere Prozesse ein, die diese ursprünglichen Gefühle verändern können.

2.1   Primäre Gefühle und sekundäre Gefühle

Reisenzein (2000) führt aus, dass primäre oder Basisemotionen psychologisch als grundlegend gesehen werden, da sie selbst nicht auf noch fundamentalere Emotionen reduzierbar sind. Sie werden biologisch als grundlegend gesehen, da sie auf psychischen Mechanismen beruhen, die im Verlaufe der Evolution durch natürliche Selektion entstanden sind. Sulz (1994) beschreibt eine Reaktionskette mit folgenden Verhaltenselementen:

- Primäre Emotion, die wie ein Reflex durch die Situation ausgelöst wird (z. B. Ärger)
- Primärer Handlungsimpuls, der Bestandteil des Reflexes ist (z. B. Angriff)
- Antizipation möglicher Folgen der beabsichtigten Handlung (z. B. abgelehnt zu werden)
- Sekundäres Gefühl, das dem Handlungsimpuls entgegen gerichtet ist (z. B. Angst, Scham, Schuld). Hilft, den Handlungsimpuls zu unterlassen

> **Beispiel**
>
> Eine ältere Schwester muss schon früh sehr oft auf ihre kleinere Schwester aufpassen, weil die alleinerziehende Mutter keine Zeit hat. Die ältere Schwester wird irgendwann ärgerlich (primäres Gefühl), weil sie ihre eigenen Bedürfnisse nicht verwirklichen kann. Am liebsten würde sie schreien (primärer Handlungsimpuls): „Ich habe jetzt keine Lust, auf Nina aufzupassen, ich will jetzt rausgehen zu den anderen zum Spielen!" Ihr wird klar, dass sie keinen Ärger haben darf – das würde den Zusammenbruch der Familie bedeuten (Antizipation möglicher Folgen). Der Ärger schlägt nun um in Angst (sekundäres Gefühl). Die Angst wird handlungsleitend. Sie traut sich nicht mehr, aus dem Haus zu gehen (Symptom).

Im Selbstsicherheitstraining machen wir die Erfahrung, wie selbstunsichere Patienten neues selbstsicheres Verhalten lernen – sie reagieren oftmals sehr positiv. Wenn sich jedoch herausgestellt hat, dass ein ursprünglich selbstsicheres Verhalten (mit primären Gefühlen) in der Kindheit, wie zum Beispiel Ärger oder Wut, von den Eltern nicht gewollt war und es dem Kind abgewöhnt wurde, unbequem zu sein, dann wurde ein primäres Gefühl Ärger oder Wut unterdrückt. Es musste nun ein anderes Gefühl her. Das ist bei Selbstunsicherheit sehr oft in der Vorgeschichte zu finden. Neben dem Erfolgserlebnis durch selbstsichere Gefühle nach einem Selbstsicherheitstraining sehen wir aber auch, wie schwer es einigen Patienten fällt, dieses neue selbstsichere Verhalten zu akzeptieren und beizubehalten. Verantwortlich dafür sind Gefühle (sekundäre Gefühle), die die primären Gefühle ersetzt und das Gefühl für die eigene Persönlichkeit geprägt haben. Daher arbeiten wir an den primären Gefühlen oft weiter, um sie zu verinnerlichen oder zu assimilieren. Dabei geht es darum, sich optimal an die jeweiligen Umweltbedingungen anzupassen im Sinne von Bewältigung. Das ist nicht damit zu verwechseln, so zu werden, wie andere einen haben wollen. Mithilfe der durch Atmung ausgelösten Gefühlsausdrucksmuster gelingt es, die zu wenigen, zu seltenen und zu schwachen Gefühle (primäre Gefühle) zu fördern. Auf diese Weise können wir Menschen helfen, so zu werden, wie sie wirklich sind und wie sie wirklich fühlen, und können ihnen schließlich helfen, damit gut umzugehen. Man kann dies auch Entwicklung der Persönlichkeit nennen.

Aber es gibt auch ein Zuviel von einem Gefühl. Wenn ein (sekundäres) Gefühl zu viel da ist, dann ist es deswegen zu viel da, damit ein anderes (primäres) Gefühl weniger da ist. Zu viel von einem Gefühl, wie z. B. Angst, Traurigkeit oder Wut oder auch Freude (sekundäre Gefühle), kann gut mit Gefühlsexposition behandelt werden. Das Ergebnis von Gefühlsexposition ist, dass das entsprechende Gefühl danach ermüdet, weniger vorkommt und nachlässt. Die Exposition mit Angstgefühlen wird wohl am häufigsten angewendet und deren positive und nachhaltige Wirksamkeit ist bestens beschrieben (Margraf 1989, S. 33). In gleicher Weise gilt dies aber auch für alle anderen Gefühle. Man denke an Menschen, die zu viel lachen oder zu wütend (aggressiv) sind; auch hier lohnt sich die Exposition mit den durch Atmung ausgelösten Gefühlsausdrucksmustern. Bei dieser Exposition wird oft die Unechtheit des Gefühls (sekundäres Gefühl) deutlich – und zwar für Patient und Therapeut. Wir erleben es unmittelbar und ohne dass wir uns auf bestimmte Situationen beziehen müssen. Eine ansonsten vielleicht weitschweifige Berichterstattung ist überflüssig. Auch hier können wir von der Entwicklung der Persönlichkeit sprechen.

Wenn primäres Gefühl und sekundäres Gefühl denselben Namen haben
Es kann vorkommen, dass sowohl das primäre als auch das sekundäre Gefühl z. B. Angst ist. Das sekundäre Angstgefühl ist dann eine phobische Angst. Qualität und Quantität sind anders, als es der realen Angst entsprechen würde. Eine grundlegende Existenzangst, die ihre auslösende Ursache in der Kindheit hatte, kann im Erwachsenenalter als Agoraphobie oder als körperbezogene Angst, wie zum Beispiel eine Herzangst (Herzphobie, Herzneurose), auftreten. Bei der Traurigkeit kann eine Trauervermeidung zu einer depressiven Verstimmung führen. Eine Trauer kann aber auch eine derart starke Traurigkeit hervorrufen, dass eine traurige Verstimmung daraus wird. Eine Verstimmung dauert, anders als ein Gefühl, sehr viel länger, sie kann Monate und Jahre dauern. Dies geschieht neben der Trauervermeidung oft über eine Freudevermeidung, der betreffende Mensch kommt einfach nicht über die Traurigkeit hinweg. Mithilfe der Atmungs- und der entsprechenden Gefühlsausdrucksmuster können wir das primäre Gefühl leichter erreichen, als wenn wir darüber reden. In der geschützten Therapieatmosphäre darf das bedrohlich empfundene primäre Gefühl entstehen. Wir müssen darauf achten, dass es nicht wieder vermieden wird, und dass wenigstens ein wahrhaftiger Gefühlsblitz („Glimpse of reality", Bloch 2010, persönliche Mitteilung) durchbricht. Das kann eventuell nur Bruchteile von Sekunden dauern. Hier müssen wir ganz aufmerksam sein und unserem Patienten helfen, sich dem Gefühl zu stellen – so kann er lernen, mit ihm umzugehen. Ein echtes Primärgefühl ist oft nur kurz da und schwächt sich wieder ab. Es geht dann darum, wie die betreffende Person das gerade Erlebte verstandesgemäß einordnet und verarbeitet. Hier findet das uns vertraute psychotherapeutische Gespräch seinen Platz.

2.2   Die sechs Grundemotionen

Wir haben die Möglichkeit, sechs Grundemotionen durch gezielte Atemübungen mit den dazugehörigen Gefühlsausdrucksmustern systematisch zu üben. Es sind:

1. Ärger/Wut
2. Angst
3. Freude
4. Traurigkeit
5. Zärtliche Liebe (Zärtlichkeit)
6. Erotische Liebe (Erotik)

Selbst wenn ein Gefühlszugang schwierig erscheint, machen wir die Erfahrung, dass während einer fünfminütigen Übung für Bruchteile von Sekunden „wahre", „echte" Gefühlsblitze („glipmse of reality", persönliche Mitteilung von Susana Bloch 2010) vorkommen. Genau um diese geht es, so als ob wir eine trübe Flüssigkeit durch ein Sieb gießen und am Schluss ein paar kleine Körnchen zurückbleiben. Damit können wir weiterarbeiten, Beispiele dazu finden Sie im speziellen Teil zu den Übungsanleitungen.

Vorher sollten wir uns klar darüber werden, mit welchen Gefühlen wir arbeiten wollen, mit welchem Ziel und was dabei zu beachten ist.

Übungen vorbereiten – wir stimmen uns ein   **3**

Wenn der Therapeut die Arbeit mit Emotionen plant, überlegt er sich folgende Perspektiven: A. kurzfristig und B. langfristig:

- Kurzfristig geht es um die im Moment erlebten Emotionen.
- Langfristig geht es um die aktuell **nicht erlebten** Emotionen.

Der Therapeut will die zu wenigen Emotionen fördern und die zu vielen Emotionen regulieren helfen. Bei zu vielen Emotionen übt er, mit derjenigen Emotion mitzugehen, die da ist und wenn er mit seinem Klienten damit Erfahrungen gemacht hat, versucht er, zu denjenigen Emotionen zu kommen, die zunächst nicht da sind. Er möchte dem Klienten helfen, die ganze Vielfalt der Emotionen zur Verfügung zu haben – er erklärt, dass auch die Emotionen wichtig sind, die nicht angenehm oder erwünscht sind, wohl aber notwendig sein können. Vielleicht glaubt der Klient, dass unangenehme oder unerwünschte Emotionen keine Funktion hätten und unterdrückt werden müssten. Der Therapeut exploriert die Annahmen und Einstellungen dazu. Folgende psychoedukative Informationen können dem Klienten helfen, neugierig zu werden, sich mit den Gefühlen zu beschäftigen. 5 Merksätze:

1. Gefühlsmäßige Reaktionen und Gefühle haben sich im Lauf der Zeit entwickelt, um unsere wichtigen Bedürfnisse zu schützen und unsere Ziele zu wahren. Sie gewährleisten auf diese Weise die Arterhaltung.
2. Dieses Prinzip ist sehr ursprünglich, es war früher lebenswichtig und ist es auch heute noch, aber nicht immer. Warum? Weil das Leben in der zivilisierten Gesellschaft heute oft mit ganz anderen Gesetzen funktioniert. Die körperlichen und emotionalen Reaktionen sind aber oft immer noch so wie früher.

© Springer Fachmedien Wiesbaden 2017
L. Theßen, *Mit Atemübungen zum Gefühlsausdruck,* essentials,
DOI 10.1007/978-3-658-15708-1_3

3. Es ist daher wichtig, dass wir unsere gefühlsmäßigen Reaktionen und Gefühle –
   sie verlaufen oft auch unbemerkt – richtig wahrnehmen und erkennen. Das gilt
   z. B. auch für Stressreaktionen und Gefühle, die wir eigentlich nicht haben wollen. Dennoch wollen diese Gefühle uns etwas Wichtiges sagen, nämlich dass
   etwas für uns nicht im Gleichgewicht ist. Das heißt: Unsere Bedürfnisse und
   Ziele sind bedroht. Wir stehen vor der Aufgabe, das Richtige zu tun, das uns
   wieder ins Gleichgewicht bringt.
4. Ein guter Umgang mit unseren Gefühlen ermöglicht uns, unsere wichtigen
   Bedürfnisse und Ziele zu wahren, wir werden glücklicher und zufriedener und
   wir entwickeln uns weiter – zum Positiven.
5. Unangenehme Gefühle bleiben nicht dauernd, jedes Gefühl kann nur von
   begrenzter Dauer sein. Jedes Gefühl ist ermüdbar. Es muss sich erholen, um
   dann bei einem weiteren Anlass eventuell wieder vorzukommen. Forschungen
   (Birbaumer und Schmidt 1991) belegen, dass die Dauer primärer Emotionen
   selten länger als ein paar Sekunden beträgt.

3.1 Lockerungsübungen

Wenn ein Kind auf die Welt kommt, ist es zunächst ganz ursprünglich. Spannung
und Entspannung wechseln sich fortwährend ab (Stern 1993). Aber bald beginnen
Erwachsene mit ihrem Einfluss. Tabus werden aufgebaut und Voreingenommen-
heiten beginnen bereits in dieser frühen Phase. Die Kinder entwickeln ein sehr
feines Gespür, was von ihnen erwartet wird und was nicht, was positive Konsequenzen und was negative Konsequenzen haben wird. Dementsprechend entwickeln sie sich und passen sich ihrer Umwelt an. Sie müssen sich anstrengen
und sie werden geformt. Sie lassen ihre Gefühle manchmal nur bestimmte Wege
gehen und andere Gefühls-Wege bleiben versperrt. Durch die Anstrengung werden auch ihre Muskeln in Anspruch genommen und es kann sein, dass sie dabei
verkrampfen. Es entsteht eine Mischung aus emotionaler und muskulärer Ver-
krampfung. Der unorthodoxe Psychoanalytiker Wilhelm Reich spricht in diesem
Zusammenhang schon in den 1950er Jahren vom Muskelpanzer als einen somati-
schen Ausdruck des Charakterpanzers (den man einfacher als emotionalen Panzer
beschreiben könnte).

Hier sollen ein paar Lockerungsübungen gezeigt werden, die helfen können,
wieder zu einem neutraleren körperlichen Zustand zu kommen.

Mit den folgenden Übungen können Sie die Patienten anleiten:

Lockerungsübung 1

Setzen Sie sich auf einen Stuhl und lassen Sie die Hände auf den Oberschenkeln ruhen. Der Kopf darf jetzt auf die Brust sinken, schließen Sie die Augen. Erinnern Sie sich an einen Moment, in dem Sie sehr müde waren. Lassen Sie sich ein bis zwei Minuten Zeit. Spüren Sie nun, wie schwer Ihr Körper auf dem Stuhl lastet. Nun lassen Sie die Hände nacheinander rechts und links von den Oberschenkeln herunterfallen. Fühlen Sie, wie schwer die Arme sich anfühlen und wie sie schwer an den Schultern hängen. Verweilen Sie einen Moment und wiederholen Sie diese Abfolge noch zwei, drei Mal. Die Übung sollte etwa fünf Minuten dauern.

Lockerungsübung 2

Dies kann eine Folgeübung der 1. Übung sein. Sie sitzen auf dem Stuhl. Die Arme hängen locker herunter. Machen Sie den Rücken ganz rund, der Kopf hängt vorn herunter, die Halswirbelsäule ist nach vorn geneigt. Richten Sie vom Gesäß her die untere Wirbelsäule Wirbel für Wirbel ganz langsam und bewusst auf. Lassen Sie sich Zeit und machen Sie langsam weiter, bis Sie aufrecht sitzen. Die Schultern und Arme bleiben dabei unbeteiligt und hängen weiter locker herunter. Jetzt ist der Rücken gerade und die Atmung frei. Wiederholen Sie diese Bewegung, indem Sie mit der Aufrichtung ein- und mit dem nach Vornesinken ausatmen. Machen Sie diese Bewegung etwa 5–7 Mal.

Lockerungsübung 3

Führen Sie die Vorbereitungsübung Nr. 2 nun auch im Stehen durch – auch 5–7 Mal.

Lockerungsübung 4

Stellen Sie sich mit den Füßen hüftbreit hin und lehnen Sie sich leicht nach vorn, bis Ihr Gewicht auf den Fußballen ruht. Kopf, Schultern, Becken und Knie sind locker. Die Arme hängen locker herunter. Der Oberkörper ist gerade und entspannt. Lassen Sie Ihren Bauch heraus, dabei atmen Sie tief mit dem Bauch ein. Wiederholen Sie diese Bewegung ein paar Mal – es darf auch durchaus hörbar sein. Lassen Sie den Beckenboden locker (das geht am besten, wenn Sie sich vorstellen, urinieren zu wollen). Atmen Sie leicht und tief. Versuchen Sie wahrzunehmen, wieweit Sie sich in Ihre Füße hinablassen können. Experimentieren Sie etwa drei bis fünf Minuten mit dieser Übung.

Lockerungsübung 5
Springen Sie auf einem Bein zweimal auf und ab und wechseln Sie dann auf das
andere Bein. Die Zehen sollen kaum vom Fußboden abheben. Üben Sie etwa eine
halbe bis eine Minute. Ruhen Sie sich dann kurz aus.

3.2   Die Atemübungen

Wenn wir die Atemübungen mit den Gefühlsausdrucksmustern mit dem Patienten üben, ist es gut, wenn wir ihm vorher gezeigt haben, wie er die soeben ange-
regten Gefühle auch wieder neutralisieren kann. Dazu können wir mit ihm zwei
Variationen der sogenannten Neutralatmung üben. Wenn er diese gut gelernt hat,
ist es wichtig, sie auf jeden Fall nach den Atmungsübungen mit den Gefühlsausdrucksmustern auszuführen. Manchmal kann es auch sein, dass er eine Gefühls-
ausdrucksübung übt und zunächst keine Auswirkung fühlt. Es kann aber durchaus
sein, dass er erst nach einer Weile die Auswirkungen spürt. Es kann sogar sein,
dass er die Auswirkung gar nicht mehr mit der Übung in Zusammenhang bringt.
Er wundert sich dann vielleicht nur, warum er jetzt ein so starkes Gefühl hat. Die
einfache Neutralatmung ist ganz leicht auszuführen, sie dauert weniger als eine
Minute. Die ausführliche Neutralatmung ist mit einer Bewegungsabfolge verbunden, sie wenden wir dann an, wenn der Gefühlsausdruck stark war. Sie dauert
mindestens eine Minute.

Neutralatmung einfache Version
Atmung: Atmen Sie regelmäßig und vollständig durch die Nase ein und durch
den Mund wieder aus.
Gesicht: Entspannen Sie das Gesicht und blicken Sie auf einen konkreten Punkt
am Horizont. Wenn kein Horizont da ist, stellen Sie sich einfach einen vor (zum
Beispiel ein Meer).
Körper: Stellen Sie die Füße hüftbreit und parallel nebeneinander und finden Sie
zu einer angenehmen aufrechten Haltung.
   Führen Sie so 3–5 Atemzüge aus.

Neutralatmung ausführliche Version
Bewegung: Verschränken Sie die Finger vor dem Körper mit gestreckten Armen.
Lassen Sie die Knie durchlässig. Atmen Sie nun ein und heben Sie währenddes-
sen die Arme, bis die Hände über dem Kopf sind und weiter, bis die Hände den
Nacken erreichen; die Ellenbogen sind jetzt nach vorne gerichtet und befinden

sich neben den Ohren. Hier darf sich der Atem kurz ausruhen und dann gehen die Arme gleichzeitig mit einem ganz gemächlichen Ausatmen wieder zurück, erst die Hände wieder über den Kopf und dann vor dem Körper wieder nach unten mit gestreckten Armen, dabei atmen Sie die ganze Zeit noch aus. Nehmen Sie sich für diese Bewegung ganz viel Zeit. Nachdem Sie ausgeatmet haben, möchte sich der Atem wieder ausruhen und sogar noch deutlich länger, als er sich nach dem Einatmen ausruhen wollte (Atemruhelage). Das ist ein ganz natürlicher Vorgang. Blicken Sie während der Übung auf einen konkreten Punkt am Horizont. Führen Sie diese Bewegung 3–5-mal aus. Weitere Hinweise mit Bild-Illustrationen: http://www.sbt-in-berlin.de/wissenswertes.html.

Wir üben jetzt – mit dem Körper fühlen

Wenn grundsätzliches Einvernehmen über die Arbeit mit Gefühlen besteht, atmen wir wie unten beschrieben. Wir haben dann alle Gefühlsausdrucksmuster mithilfe der Atmung ausgeführt. Dazu brauchen wir mindestens sechs, vielleicht sogar zwölf Sitzungen. Patienten haben oft bestimmte Erwartungen, wie eine Therapiestunde verlaufen soll. Viele wollen ihr Problem beschreiben, um dann die therapeutische Lösung zu hören. Viele Therapeuten, mich eingeschlossen, tappen immer wieder in diese Falle. Dann sitzen wir in unseren Sesseln und reden und reden. Nach vielen Jahren der Praxiserfahrung als Therapeut möchte ich Mut machen, diesen Redefluss auch mal zu unterbrechen. Ich möchte Mut machen, die Patienten einzuladen, aufzustehen und eine kurze Atemübung zu machen. Ich kann sagen, dass die Übungen fast immer etwas damit zu tun haben, warum die Patienten überhaupt zur Therapie gekommen sind. Die Übungen haben wahrscheinlich mit dem zu tun, über das gerade geredet werden sollte. Nach der Übung werden wir dann auch darüber sprechen, was wichtig ist. Immer wird es dabei auch eine Auswertung des gerade Erlebten geben. Genauso wichtig ist es auch auszuwerten, wenn vermeintlich nichts erlebt wurde. Das wiederum hat auch wichtige Gründe und wenn nicht, war es vielleicht ein seltener Zufall. Die Wiederholung wird es sicher zeigen …

4.1 Wut/Ärger

Ärger, und in der Steigerung Wut, bereitet den Körper mit mimischen Warnsignalen und gestischen Drohgebärden auf Kampfhandlungen vor. Wenn wichtige Bedürfnisse eines Menschen bedroht sind, ist es natürlich, wenn er sich dagegen wehrt. Er braucht Ärger oder Wut, um das zu verhindern, was ihn bedroht. Ein bedrohter Mensch wird natürlicherweise gegen die Bedrohung kämpfen – das

© Springer Fachmedien Wiesbaden 2017

L. Theßen, *Mit Atemübungen zum Gefühlsausdruck*, essentials,

DOI 10.1007/978-3-658-15708-1_4

Gefühl versetzt ihn dazu in die Lage. In unserer zivilisierten Gesellschaft finden sich Ärger und Wut oft in der Sprache wieder. Wortgefechte stehen dann für Kampfhandlungen. Gut ist es, wenn die sprachliche Aggression ein angemessenes Maß hat. Gut ist es, wenn Menschen ihre natürlichen Bedürfnisse wahren können, ohne die natürlichen Bedürfnisse von anderen Menschen zu missachten. Das will aber gelernt und entwickelt werden. Dieser Lernprozess geschieht bereits in der Kindheit. Hier muss das Kind seine Erfahrungen mit Ärger und Wut machen dürfen. Es versteht sich von selbst, dass das Kind nicht gleich auf Anhieb das richtige Maß findet. Dazu braucht es Eltern und eine Gesellschaft, in der das möglich ist.

Zu wenig Wut/Ärger

Wütend und ärgerlich zu sein, ist oft verpönt. Es gibt das Sprichwort: „Der Klügere gibt nach." Weit weniger bekannt ist das Sprichwort: „Der Klügere gibt so lange nach, bis er der Dumme ist." Darin steckt auch eine Wahrheit. Wut und Ärger sind oft primäre Gefühle. Wenn es einen konkreten Anlass dazu gibt und Ärger oder Wut entsteht, soll es die Funktion haben, das, was es verursacht hat, wieder so zu verändern, dass es keinen Anlass mehr zur Frustration gibt. Wut und Ärger haben eine bedürfnisschützende Funktion – das ist das Gute daran. Kinder, denen Wut und Ärger verboten werden, können nicht gut lernen, ihre Bedürfnisse zu schützen, auch wenn sie erwachsen werden. So kann Leid entstehen.

Die Entwicklungschance: Es ist wichtig, dass Menschen den Ausdruck von Wut und Ärger entwickeln. Auch wenn es anfangs etwas holprig verläuft, soll der angemessene Ausdruck von Wut und Ärger entstehen. Die Atemübungen bieten hierfür eine ideale Hilfestellung.

Zu viel Wut/Ärger

Andererseits gibt es auch viel Aggression und Gewalt in Familien. Kinder, die unter diesen Bedingungen aufwachsen, müssen lernen, dass es Starke und Schwache gibt. Die Starken holen sich das, was sie brauchen und die Schwachen müssen es hergeben. Also versuchen viele, zu den Starken zu gehören. Dazu gehört bedauerlicherweise auch, dass gerade diese Starken besonders empfindlich sind, wenn sie ihre Bedürfnisse nicht wahren können; sie sehen bereits da eine Bedrohung ihrer Bedürfnisse, wo eigentlich noch gar kein Grund besteht und reagieren aggressiv, was ihre Bedürfnislage langfristig nicht verbessert. Sie befinden sich in der Ärgerfalle, sind dauernd gereizt und genervt.

Die Entwicklungschance: Menschen mit zu viel Wut können sich weiterentwickeln, wenn sie statt ärgerlich und wütend zu sein, auch mal zurückhaltend sind; vielleicht wäre sogar manchmal eine ängstliche Zurückhaltung angebracht. Dann können sie besser prüfen, was genau ihre Bedürfnisse sind. Oder wenn sie fühlen, dass sie Angst haben, können sie besser erkennen, was genau ihnen Angst macht, um darauf zu reagieren. Sie können Situationen besser bewältigen. Die anderen Menschen gehen nun auch anders auf sie ein. Im besten Fall werden sie wirklich akzeptiert und gemocht oder gar geliebt. Hier kann die Atemübung „Ärger/Wut" geübt werden. Es ist auch möglich, dass die Übung in ein anderes Gefühl führt. Auf jeden Fall ist es gut, das entsprechende Gefühl mit der dazu gehörigen Atemübung weiter zu verfolgen. Wenn es für das andere, „veränderte Gefühl" keine direkte Atemübung gibt, lohnt es sich, herauszufinden, mit welchem der sechs Basisgefühle es am meisten zu tun hat.

Ein Beispiel für zu wenig von dem Gefühl Wut/Ärger
Frau Klein, 51 Jahre, verheiratet, zwei erwachsene Kinder, früh berentete Zugbegleiterin, kommt mit einem schweren depressiven Syndrom in die Therapie. Sie leidet darunter, dass sie diverse negative Vorkommnisse auf sich bezieht und sich selbst die Schuld dafür gibt. Oft sitzt sie schweigend da und weint. Sie ist meist in schwarz gekleidet und sieht sehr traurig aus. Sie sagt selbst von sich, dass sie sich oft so fühlt wie ein kleines Mädchen, das alles falsch gemacht hat. Frau Klein wurde in der Tat als Kind viel bestraft und geschlagen. Manchmal verletzt sie sich selber zum Beispiel durch Schnitte in die Unterarme. Trotz angemessener medikamentös-antidepressiver Behandlung und sogar mehrfacher Elektrokrampfbehandlungen kommt sie aus ihrem schweren depressiven Zustand nicht nachhaltig heraus. Als sie mir in der 11. h unter Tränen erzählt, dass sie bei einem Streit mit ihrem Mann ihm wieder nicht sagen konnte, dass sie wirklich angehört und akzeptiert werden will und sich dabei unterwürfig verhielt, unterbreche ich sie und lade sie zu einer Atemübung ein. Stehend bitte ich sie, erst einmal scharf durch die Nase ein- und auszuatmen und demonstriere es. Ich erkläre: „Etwa einmal ein- und ausatmen in einer Sekunde. Die Lippen sind dabei geschlossen." Sie macht mit und ich sage: „Versuchen Sie, die Augen halb zu schließen, die Augenlieder dabei ein bisschen anzuspannen." Das tut sie. „Und jetzt können Sie hier im Raum umhergehen, so dass Sie nicht auf der Stelle stehen müssen." Es vergehen nur ca. 20 s, als sie sagt: „Da spüre ich so eine Aggression in mir und es spannt sich alles an. Es ist furchtbar!" Ich meine mitzuerleben, dass Frau Klein für kurze Momente ein Aufblitzen von Wut und Ärger empfindet („Glimpse of reality"). Ich lobe sie dafür, dass sie so gut mitmacht und sage ihr, dass auch ich gerade bei der Übung eine Spannung in meinem Körper empfinde. Ich erkläre ihr, dass das eine natürliche Reaktion ist, wenn man auf diese Weise atmet. Sie staunt. Ich finde ich es wichtig, ihr zu erklären, dass ein natürliches Grundgefühl entsteht und zwar durch die Atemübung mit dem dazugehörigen Körperausdruck. Ich beschreibe auch, was bei mir dabei geschieht und ich gebe ihr zu verstehen, dass es völlig in Ordnung ist und dass es sich auch kräftig und frisch und lebendig anfühlt und dass es Tatkraft anregt. Wir schließen die Übung mit der Neutralatmung ab und finden, dass

es sehr anstrengt. Verhaltenstherapeutisch kommt dies einer Konfrontation oder Exposition gleich – einer Ärger-Exposition. Außerdem konnte ich dabei Erklärungen zum Sinn und Zweck des Gefühls ansprechen (Psychoedukation). Wir nehmen uns vor, in den folgenden Therapiestunden weiter daran zu arbeiten. In der noch verbleibenden Zeit sprechen wir darüber, dass Wut und Ärger eben vorkommen und dass es möglicherweise unangenehm sein kann. Es gibt aber Situationen, in denen sie helfen können, etwas Wichtiges zu tun oder zu sagen.

Das Therapieergebnis: Frau Klein hat alles gut verstanden und freut sich auf die nächste Stunde. Später berichtet sie, dass ihr Mann nun entgegen ihrer Erwartung zuhört, dass sich die Beziehung zwischen beiden entspannt hat und dass sie inzwischen gemeinsam schöne Dinge unternehmen.

Ein Beispiel für zu viel von dem Gefühl Wut/Ärger

Herr Kraft, 34 Jahre alt, Chemiker, lebt mit einer etwa gleichaltrigen Partnerin zusammen, sie haben eine kleine Tochter von zweieinhalb Jahren. Er kommt zur Therapie, weil er um die Partnerschaft bangt, da er sehr zu Gewaltimpulsen neigt – meist durch lautes Anschreien oder Schläge gegen Möbelstücke. Körperliche Gewalt direkt gegen seine Freundin findet nicht statt, was auch durch die Partnerin bestätigt wird, die später zum Gespräch zu dritt hinzugebeten wird. Als er in der neunten Stunde erzählt, dass er bei einer Meinungsverschiedenheit zu Hause wutentbrannt einen kleinen Tisch hochgehoben und auf den Boden zurück geknallt hat, unterbreche ich ihn, um eine Atemübung durchzuführen. Ich sage: „Ich bitte Sie, stehend durch die Nase scharf ein- und auszuatmen, etwa einmal pro Sekunde ein- und ausatmen." Ich mache es vor, er macht sofort mit. Ich sage: „Gut, weiter so, die Lippen geschlossen und können Sie die Augen halb schließen, so dass die Augenlider etwas gespannt sind?" Das machen wir beide. Dabei ist es mir wichtig, nicht zu viel vorzumachen, damit er seinen eigenen Ausdruck finden kann. Ich sage: „Und Sie können einmal im Raum umhergehen und Spannung in den Körper geben." Nach ca. 30 s sagt er spontan: „Das fühlt sich super an, ich fühle gerade Power in mir, ich fühle gerade starke Power in mir!" Ich stimme ihm zu: „Das geht mir auch so!" Wir lachen. Ich schlage ihm vor: „Wir können ja mal drei verschiedene Stärkegrade ausprobieren, Stärkegrad 1, Stärkegrad 2 und Stärkegrad 3, also am stärksten." Mit großer Neugier führt Herr Kraft die Übung mit den drei verschiedenen Intensitätsgraden mit mir durch. So kann er lernen, seine Wut zu regulieren, also hochzuregulieren und selbstverständlich auch wieder herunterzuregulieren. Verhaltenstherapeutisch kommt auch dies einer Konfrontation oder Exposition gleich – einer Wut-Exposition. Das macht ihm sichtlich Spaß. Nach etwa zehn Minuten schließen wir die Übung mit der Neutralatmung ab. Die Übung war auch wieder recht anstrengend. Wir nutzen die verbleibende Zeit, um die gerade gemachten Erfahrungen nutzbar einzuordnen. Von selbst schlägt er vor, diese Übung zu Hause zu wiederholen, um besser Kontrolle über seine Wutanfälle zu bekommen.

Das Therapieergebnis: Herr Kraft übte fleißig zu Hause. Er konnte so tatsächlich lernen, seine Wut besser zu kontrollieren. Später luden wir noch mal die Partnerin zu einem Gespräch zu dritt ein. Sie bestätigte eine deutliche Milderung seiner Wutausbrüche, auch sie war erleichtert.

Anleitung zum Gefühlsausdrucksmuster (effector pattern) für Wut/Ärger
Atmung: Atmen Sie schnell und mit großen Atemzügen durch die Nase ein und aus. Die Nasenlöcher weiten sich dabei. Schließen Sie die Lippen fest (ca. eine halbe Minute).
Gesicht: Die Augen sind gespannt und versuchen Sie, den Blick auf einen Punkt zu fixieren (ca. eine halbe Minute).
Körper: Spannen Sie alle Muskeln des Körpers an (ca. eine halbe Minute).
Ausdrucksstärke: Sie können versuchen, die Körperspannung zwischen leicht und mittel und stark zu variieren (ca. eine Minute).

Bauen Sie die Übung in 6 Schritten auf
1. Üben Sie erst das Atemmuster.
2. Danach üben Sie den Gesichtsausdruck.
3. Danach üben Sie das Atemmuster und den Gesichtsausdruck zusammen.
4. Danach üben Sie den Körperausdruck.
5. Und schließlich üben Sie das Atemmuster mit dem Gesichtsausdruck und mit dem Körperausdruck zusammen.
6. Machen Sie sich vertraut mit dem Gefühlsausdrucksmuster und üben Sie die Ausdrucksstärke in den drei Ausprägungen leicht, mittel, stark.

Schließen Sie die Übung mit der Neutral-Atmung ab (nach ca. einer halben Minute).

Weitere Hinweise mit Bild-Illustrationen: http://www.sbt-in-berlin.de/wissenswertes.html.

4.2   Angst

Vom Ursprung her ist Angst lebensnotwendig. Sie dient der Abwendung von Gefahren und ist uns damit ein unerlässlicher Schutz. Angst ist eines der Gefühle, die sich am frühesten entwickeln, weil sie von Anfang an so lebenswichtig sind. Sie ist existenzerhaltend – Sulz (2000) spricht von existenzieller Angst. Später

wird beim Kind daraus die Angst, seine wichtigsten Bezugspersonen zu verlieren, weil dann wieder die Existenz bedroht wäre. Diese Angst geht über in die
Angst, die Liebe der wichtigsten Bezugspersonen zu verlieren, also in Liebesver-
lustangst. Wiederum später kann daraus eine Angst vor dem Verlust der Selbstbestimmung werden. Daraus kann sich eine Angst vor Hingabe entwickeln, denn die
Hingabe würde wieder die Selbstbestimmung bedrohen. Die Hingabeangst spielt
in unseren zwischenmenschlichen Beziehungen eine wesentliche Rolle. Bei jeder
psychischen oder psychosomatischen Störung ist Angst von zentraler Bedeutung.
Sie hat dann einen phobischen Anteil, was bedeutet, dass das Ausmaß der Angst
größer ist als die reale Bedrohung. Die körperliche reflexartige Reaktion ist ein
Zusammenziehen der Muskeln. Das hat komplexe Auswirkungen auf unzählige
Organfunktionen bis auf die Ebene der einzelnen Zellen.

Zu wenig Angst

Es gibt aber auch Menschen, die scheinbar zu wenig Angst haben. Wenn wir
Menschen nicht wüssten und nicht fühlten, was Angst ist, könnten wir nicht überleben. Menschen mit zu wenig Angst durften keine Angst haben, weil irgend-
etwas ihnen gesagt hat, dass sie stark sein müssen. „Sei stark", hat ihnen die
Umwelt beigebracht oder sie haben die Umwelt so aufgefasst, dass sie selbst
erkannt haben, dass es besser ist, stark zu sein. Die Starken kommen oft sehr
erfolgreich durchs Leben. Aber wenn die Starken zu hart gegen sich selbst sein
müssen, zum Beispiel auf eigene Bedürfnisse verzichten, dann muss das auch
frustrierend sein. Die Starken sind sehr oft autonom – zu autonom. In der Auto-
nomie haben sie keine Angst; erst wenn sie sich auf Andere verlassen müssen
oder sich gar Anderen hingeben sollen, zum Beispiel in der Liebe, dann kann eine
Angst vor Hingabe oder vor Kontrollverlust auftreten. Dann ist es für diese Menschen angenehmer, wieder autonom und nicht ängstlich zu sein. In Wirklichkeit
aber haben sie an einer Stelle zu wenig Angst und an anderer Stelle doch zu viel
Angst. Ein weiteres Problem kann sein, dass sie ihre Stärke über- und dadurch
das Risiko unterschätzen, aus Leichtsinnigkeit zu verunglücken. Menschen mit
zu wenig Angst haben ein erhöhtes Unfallrisiko oder sie können depressiv werden oder eine Suchtkrankheit entwickeln. Auch können Menschen mit zu wenig
Angst so unsensibel mit ihren Mitmenschen sein, dass sich schwere zwischenmenschliche Probleme ergeben.

   Die Entwicklungschance: Diese Menschen können Sensibilität für und Mitge-
fühl mit anderen Menschen entwickeln. Sie werden intensivere Beziehungen zu
anderen Menschen bekommen. Hier können wir die Atemübung „Angst" ausprobieren. Es ist auch möglich, dass die Übung in ein anderes Gefühl führt – vielleicht
Traurigkeit? Wenn das so ist, dann ist es gut, das entsprechende Gefühl mit der

Atemübung weiter zu verfolgen. Wenn es für das andere, „umgesprungene Gefühl" keine direkte Atemübung gibt, lohnt es sich zu explorieren, zu welchem Basisgefühl es gehört.

Zu viel Angst

Wenn jemand zu viel Angst hat, nennen wir es Phobie oder „Fehlalarmangst" (Margraf 1989, S. 33). Angstkrankheiten gehören zu den häufigsten psychischen Erkrankungen. Es handelt sich fast immer um sekundäre Gefühle. Eigentlich geht es um primäre und unterdrückte, nicht zugelassene Gefühle, sei es bewusst oder unbewusst. Primäre oder unerwünschte, bzw. tabuisierte Gefühle sind oft unterdrückter Ärger oder Wut oder ganz ursprüngliche Angst. Wenn diese Gefühle unaushaltbar zu sein scheinen, müssen Ersatzgefühle her. Einerseits entsteht phobische Angst, wenn Wut und Ärger nicht möglich sind, andererseits fehlt der Mut, wenn man sich etwas zutrauen soll, was eigentlich recht normal ist.

Die Entwicklungschance: Es hat sich gezeigt, dass phobische Angst sehr gut durch Angst-Exposition bewältigt werden kann. Entscheidend ist, dass das angstvermeidende Verhalten ersetzt wird durch Zulassen der Angst. Erst dann ist es möglich, die zugrunde liegende Angst oder den zugrunde liegenden Ärger, zu dem der Mut nicht reichte, zu fühlen. Im ersten Fall kann die Person die ursprüngliche Angst der Vergangenheit zuordnen. Sie kann sie mit der heutigen Verfassung nun verarbeiten lernen. Im zweiten Fall kann sie lernen, Mut zum angemessenen Ärger zu entwickeln.

Ein Beispiel für zu wenig von dem Gefühl Angst

Herr Kraft aus dem Beispiel in dem Kapitel Gefühlsausdrucksmuster Wut/Ärger hat zu viel Wut und Ärger. Er muss auch lernen, was er mit seiner Wut anrichten kann. Am ehesten kann er Angst spüren in Bezug auf seine kleine Tochter. Diese Angst ist der ausschlaggebende Punkt, weshalb er überhaupt eine Psychotherapie aufsucht.

Das Therapieergebnis: Er musste lernen, diese Angst zur richtigen Zeit und am richtigen Ort bei sich zu spüren, um nicht wieder aus der Haut zu fahren. Der Schwerpunkt in seiner Therapie blieb aber die Kontrolle über seine Wut.

Ein Beispiel für zu viel von dem Gefühl Angst

Herr Körber, ein 33-jähriger Schiffsingenieur und Vater einer dreijährigen Tochter, kommt zur Therapie, weil er unter Schwächezuständen mit Schwindel- und Kopfschmerz-Attacken leidet. Er beschreibt beim morgendlichen Aufwachen ein Zucken, das manchmal auftritt und durch seinen Körper schießt – dann schreckt er auf und ist besorgt. Außerdem plagen ihn manchmal Stiche in der Brust.

Obwohl er seine Arbeit liebt, schleppt er sich unter großen Schwierigkeiten dorthin. Viele Aktivitäten vermeidet er, weil er immer befürchten muss, dass wieder Attacken kommen könnten. Ob er Angst hat, vermag er nicht zu sagen, obwohl er große Angst und Sorge ausstrahlt. In der Therapiestunde fühlt er sich zumindest gut aufgehoben. Als Herr Körber selbst ein siebenjähriges Kind war, starb seine Mutter unerwartet und der Vater musste die weitere Erziehung übernehmen. Eines Tages kamen Leute vom Amt, um zu prüfen, ob die Kinder in einem Heim untergebracht werden müssten. Diese Begebenheiten beschreibt mir Herr Körber sehr sachlich ohne merkbare Gefühlsregungen. Ob er denn damals keine Angst gehabt hat?, frage ich ihn. Zu meinem Erstaunen weiß er es nicht – es war für ihn „alles normal"! Am Vortag der Geburt seiner Tochter starb der Vater nach kurzer Krankheit. Wenige Monate später begannen die körperlichen Beschwerden, für die die Ärzte keine organische Ursache finden konnten.

Als Herr Körber mir in einer Therapiestunde wieder seine körperlichen Missempfindungen beschreibt und zu noch ausführlicheren Beschreibungen ausholen will, unterbreche ich ihn: „Ich bitte Sie aufzustehen..." Er tut es. „Ich möchte Sie zu einer Übung einladen, um mehr über Körperempfindungen und den damit zusammenhängenden Gefühlen zu erfahren. Atmen Sie bitte in sehr kurzen Atemzügen durch den geöffneten Mund ein, etwa so!" Ich mache es vor. „Probieren Sie auch mal aus, unregelmäßig zu atmen, etwa so, ha…hahaha…haha…ha!" Ich mache es vor, er macht mit. Dabei ist es mir wichtig, nicht zu viel vorzumachen, damit er seinen eigenen Ausdruck finden kann. „Und nun lassen Sie die Luft von alleine wieder ausströmen. Öffnen Sie die Augen weit." Er macht gut mit. „Halten Sie Ihren Körper unbeweglich – probieren Sie es mal. Können Sie ein Gefühl empfinden?" Kurze Pause. „Haben Sie Erinnerungen an andere Situationen, in denen Sie sich so gefühlt haben wie jetzt?" Pause. „Oder gibt es Bilder…?" Er unterbricht mich und sagt: „Ja, es fühlt sich so an, wie ich es einen Morgen nach dem Aufwachen hatte, als ich so ein Stechen in der Brust hatte." Ich sage: „Das ist bestimmt wichtig, können Sie mir das Gefühl näher beschreiben?" Es platzt aus ihm heraus: „Es ist Angst!" Ich sage: „Das ist bestimmt wichtig, woher kennen Sie genau diese Angst?" Er schüttelt den Kopf: „Ich weiß nicht!" Ich bitte ihn: „Können Sie bitte noch einen Moment bei dieser Angst bleiben, es ist bestimmt wichtig!" Pause. „Es gibt eine Möglichkeit, dieser Angst zu begegnen. Versuchen Sie einmal dieses Gefühl zu verändern, sagen wir, das ist jetzt mittel und können Sie versuchen, durch Abschwächung der Atmung das Gefühl auch abzuschwächen? Das nennen wir dann leicht." Es gelingt ihm, er sagt: „Ja, das geht." Ich bin beeindruckt und sage: „Das ist gut so, Sie können das Gefühl verändern! Können Sie es auch wieder verstärken?" Er probiert es und sagt: „Ja, das geht auch!" Ich frage: „Ist es noch so schlimm wie eben?" Er schüttelt den Kopf und antwortet:

„Nein, es ist weniger schlimm." „OK", sage ich. „Sie können die Angst von mittel nach leicht und dann wieder nach mittel verändern. Können Sie es auch nach stark verändern?" Er blickt mich fragend an: „Kann da nichts passieren?" Ich erwidere: „Nein, probieren Sie es ruhig, es hilft Ihnen!" Er verstärkt die Übung, indem er die Atmung forciert, dabei unterstütze ich ihn. Er grinst: „Es wird gar nicht stärker!" Ich lache: „Das ist ja hervorragend, Sie haben Ihr Angstgefühl reguliert!" Nach etwa zehn Minuten schließen wir die Übung mit der Neutral-Atmung ab. Es schließt sich ein Gespräch an und wir kommen überein, dass er die Übung auch zu Hause in der gleichen Art und Weise durchführen möge. Auch dies ist ein Beispiel einer Angst-Exposition entsprechend der verhaltenstherapeutischen Lehre.

Das Therapieergebnis: In den folgenden Wochen stabilisierte sich sein Zustand deutlich. Die Therapie dauert derzeit noch an.

Anleitung zum Gefühlsausdrucksmuster (effector pattern) für Angst
Atmung: Versuchen Sie, unregelmäßig in sehr kurzen Atemzügen durch den Mund zunächst nur einzuatmen. Erst wenn Sie nicht mehr einatmen können, lassen Sie die Luft von alleine wieder ausströmen (ca. eine halbe Minute).
Gesicht: Der Mund ist während der ganzen Zeit leicht geöffnet. Die Augen sind weit geöffnet (ca. eine halbe Minute).
Körper: Versuchen Sie, den Körper unbeweglich zu halten oder neigen Sie sich mit dem Körper leicht nach hinten (ca. eine halbe Minute).
Ausdrucksstärke: Versuchen Sie auch hier, die Körperspannung zwischen leicht und mittel und stark zu verändern (ca. eine Minute).

Bauen Sie die Übung in 6 Schritten auf
1. Üben Sie erst das Atemmuster.
2. Danach üben Sie den Gesichtsausdruck.
3. Danach üben Sie das Atemmuster und den Gesichtsausdruck zusammen.
4. Danach üben Sie den Körperausdruck.
5. Und schließlich üben Sie das Atemmuster mit dem Gesichtsausdruck und mit dem Körperausdruck zusammen.
6. Machen Sie sich vertraut mit dem Gefühlsausdrucksmuster und üben Sie die Ausdrucksstärke in den drei Ausprägungen leicht, mittel, stark.

Schließen Sie die Übung mit der Neutral-Atmung ab (nach ca. einer halben Minute).

Weitere Hinweise mit Bild-Illustrationen: http://www.sbt-in-berlin.de/wissenswertes.html.

4.3   Freude

Wenn etwas Erwünschtes oder Erhofftes eintritt, kommt Freude auf, sei es nun bewusst erwartet worden oder nicht. Erste Anzeichen der Freude können wir bei einem Baby etwa ab dem zweiten Lebensmonat erkennen (Stern 1990): Wir sehen ein strahlendes Lächeln. Im weiteren Verlauf freut es sich, wenn etwas in sein Wahrnehmungsfeld tritt, das es nun wiedererkennt. Oft sind es Ereignisse, die die Welt dem Kind beschert, mit anderen Worten schenkt. Die Freude ist besonders groß, wenn es unerwartet geschieht. Später versuchen Menschen, möglichst oft in den Genuss dieses angenehmen Gefühls zu kommen. Die Freude lehrt uns, so zu handeln, dass etwas geschieht, was uns wieder Freude macht.

Zu wenig Freude

In der Psychopathologie gibt es den Begriff der Anhedonie, was aus dem altgriechischen abgeleitet ist und so viel bedeutet wie „nicht Lust haben", also im Allgemeinen die Unfähigkeit, Freude und Lust zu empfinden. Es mag Gründe geben, warum Menschen auf die ansonsten so verstärkende Wirkung der Freude verzichten. Bei genauerer Betrachtung kann man denken, dass sie Freude vermeiden, vielleicht ohne dass sie es bemerken. Sie vermeiden wie aus Angst ihre Freude. Aber warum? Die Antwort kann nur sein, dass diese Menschen etwas erwarten, das für sie negativ besetzt ist, etwa Enttäuschung. Wenn sie sich sehr auf etwas freuen und dann nicht das bekommen, was sie sich erhofft hatten, sind sie enttäuscht. Diese Enttäuschung schmerzt sehr, und sie wollen sich vor einer weiteren Enttäuschung schützen. Wenn sie ihre Freude abgeschafft haben, haben sie auch die Enttäuschung abgeschafft. Daneben gibt es sicher noch zahlreiche weitere individuelle Gründe. Erklärungsmodelle wie das Verstärker-Verlust-Modell (Lewinsohn 1974), das kognitive Modell der Depression (Beck 2004) und das Modell der erlernten Hilflosigkeit (Seligmann 1979) lehren uns, dass daraus eine Depression werden kann. Der größte Teil der Patienten kommt damit zur Psychotherapie.

Die Entwicklungschance: Wer gelernt hat, Freude zu vermeiden, kann auch lernen, wieder Freude zuzulassen. Welche Ursachen es auch gehabt haben mag, dass Freude vermieden werden muss: Hier können wir die entsprechende Atemübung anwenden. Beim Atmen mit dem Gefühlsausdrucksmuster Freude können wir viel über die Ursachen erfahren. Die Arbeit mit der Freude ist vielleicht nicht so einfach, wie man denken könnte. Wenn sie kommt, ist es sehr schön, wenn andere Gefühle kommen, sollten wir uns darum kümmern. Später wird es in der Therapie sehr nützlich sein.

Zu viel Freude

Es mag überraschen, doch es gibt auch Menschen, die zu viel Freude haben. Das ist zumindest dann der Fall, wenn die Freude ein sekundäres Gefühl ist und ein anderes primäres Gefühl ersetzen soll. In den meisten Fällen soll Angst oder Traurigkeit ersetzt werden. Es ist gar nicht schwer, Angst oder Traurigkeit mit Freude zu überspielen. Wenn die Freude aber zum Hauptbegleiter einer Person gehört, ist diese Person nicht wirklich ausgeglichen. Andere merken oft, dass etwas nicht stimmt. Und irgendwie stehen diese Menschen merkwürdig allein da mit ihrer Freude. Oder sie haben die Gabe, uns mitzureißen und wir lachen mit ihnen. Spätestens aber, wenn zwei Stunden verstrichen sind, kann das sehr anstrengend sein. So leicht es sein kann, primäre Gefühle mit Freude zu überspielen, so schlecht funktioniert es auch meistens.

Die Entwicklungschance: Hier können wir die Atemübung „Freude" üben. Möglich ist, dass eine nicht gut nachzuempfindende Freude entsteht – das merken vielleicht beide. Das anzusprechen wird aufschlussreich sein. Es ist auch möglich, dass die Freude in ein anderes Gefühl umspringt – vielleicht Traurigkeit? Wenn das geschieht, dann ist es gut, das entsprechende Gefühl mit der Atemübung weiter zu verfolgen. Wenn es für das andere, „umgesprungene Gefühl" keine direkte Atemübung gibt, lohnt es sich herauszufinden, zu welchem Basisgefühl es gehört.

Ein Beispiel für zu wenig von dem Gefühl Freude

Herr Grimm, 59 Jahre, geschiedener Verwaltungsangestellter, jetzt alleine lebend. Er wuchs als Kind mit seiner depressiven Mutter auf, der geliebte und ersehnte Vater war meist auf der Arbeit, weil er es zu Hause nicht ausgehalten hatte. Herrn Grimm sind Gefühle der Freude nicht vertraut. Er musste zu seiner kranken Mutter stehen und sollte kein allzu lebhaftes Kind sein. Die Mutter hätte es nicht ausgehalten. Der Vater starb früh. Herr Grimm lernte, Freude zu vermeiden und das strahlt er auch aus. Obwohl er es in seiner beruflichen Rolle gelernt hat, auch mal ein Lächeln sparsam an der richtigen Stelle zu zeigen, empfindet er es selbst als unnatürlich und nicht echt.

In der Therapie üben wir das Gefühlsausdrucksmuster (effector pattern) für Freude. Herr Grimm hatte ja gelernt, Freude zu vermeiden. Mit der Übung hat er die Möglichkeit, sich mit dem Gefühl Freude zu konfrontieren. Verhaltenstherapeutisch kommt dies einer Konfrontation oder Exposition gleich – einer Freude-Exposition. Sehr skeptisch, aber auch etwas neugierig, lässt er sich auf die Übung ein, die den großen Vorteil hat, dass sie ansteckend wirkt. Nach wenigen Minuten lachen wir beide aus buchstäblich vollen Lungen. Herr Grimm merkt dabei deutlich, dass er dieses Gefühl nicht aufkommen lassen will – es kommt ihm unnatürlich, nicht echt vor, irgendwie albern. In der Auswertung können wir darüber kritisch sprechen. Er bekommt die Übung als Hausaufgabe auf und wir wiederholen sie in den folgenden Therapiestunden mehrmals.

Therapieergebnis: Es war möglich, nach zehn weiteren Therapiestunden über drei Monate das moderne Antidepressivum ausschleichend abzusetzen. Sein Zustand blieb stabil.

Ein Beispiel für zu viel von dem Gefühl Freude

Frau Roth kommt immer freudestrahlend in die Therapiesitzungen. Oft beginnt sie mit der Beschreibung eines freudigen Ereignisses. Dabei gestikuliert sie mit unwillkürlich übertriebenen Ausdrucksbewegungen. Objektiv befindet sie sich als alleinerziehende Mutter zweier Töchter im Vorschulalter und nach frischer Ehescheidung in einer belastenden Lebenssituation. Viele mögen meinen, dass sie eine lebensfrohe, attraktive und intelligente Frau vor sich haben. Über die inneren Sorgen und Nöte erfahren sie jedoch nichts. In der Therapie ist das ähnlich. „Warum zeigt sie denn, dass es ihr so gut geht und ist sie denn gar nicht traurig oder gar verzweifelt?", frage ich mich. „Sie möchte angenommen und gemocht werden", sagt mir meine Intuition.

Ohne Umschweife lade ich sie ein zu einer Atemübung – ich kann davon ausgehen, dass sie gerne die Übung mitmachen wird. „Bitte stellen wir uns einmal hin", sage ich und fordere sie auf: „Atmen Sie einmal kurz und kräftig durch die Nase ein. Danach atmen Sie ruckartig und in mehreren unregelmäßigen Stößen durch den Mund wieder aus." Ich mache es vor, sie macht mit. „Versuchen Sie dabei für kurze Momente den Mund so zu formen, als wollten Sie ein ‚E‘ sagen. Verkleinern Sie dabei die Augenspalten." Ich deute es an. Und: „Spannen Sie beim Ausatmen die Bauchmuskeln etwas an." Wir gehen im Raum umher. Schon nach wenigen Sekunden lacht sie, ich warte ab, dann lache ich auch. So lachen wir etwa eine halbe Minute zusammen. „Was ist das für ein Gefühl?", frage ich „Fröhlich, Freude", antwortet sie spontan. „Ja, Freude empfinde ich auch", sage ich. „Wollen wir einmal unterschiedliche Ausdrucksstärken ausprobieren? Steuern Sie die Atmung und atmen Sie erst leicht, dann mittel und dann stark." Wir üben es ein paar Mal. Sie ist begeistert und voller Überschwang. Wir gehen über in das Auswertungsgespräch. Hier kann mir Frau Roth erklären: „Als wir so stark bei der Übung geatmet haben, fand ich es sogar anstrengend, ja zum Teil auch unecht." Bei der weiteren Exploration genau dieses anstrengenden und unechten Gefühls erinnert sie sich an frühere Situationen, in denen sie sich wünschte, Freude zu haben und es nur vorspielte, aber sie erkannte das Unechte wieder. Dies sollte für die nächsten Sitzungen unser weiteres Thema sein.

Das Therapieergebnis: Wir untersuchten neugierig, wie es sich anfühlt, wenn die Freude nicht abrufbar ist. So konnte Frau Roth auch über ihre Ängste in Beziehungen sprechen. Sie musste ihre Ängste weniger mit Freudestrahlen überspielen und konnte besser dazu stehen. Ihr Alltag und ihre Wirkung auf andere wurden ruhiger, sie hatte weniger Stress.

Anleitung zum Gefühlsausdrucksmuster (effector pattern) für Freude
Atmung: Atmen Sie kurz und kräftig durch die Nase ein. Danach atmen Sie ruckartig und in mehreren unregelmäßigen Stößen durch den Mund wieder aus (ca. eine halbe Minute).
Gesicht: Der Mund ist dabei geöffnet. Versuchen Sie für kurze Momente den Mund so zu formen, als wollten Sie ein „E" sagen. Verkleinern Sie dabei die Augenspalten (ca. eine halbe Minute).
Körper: Wenn Sie ausatmen, versuchen Sie auch, die vorderen Bauchmuskeln dabei anzuspannen (ca. eine halbe Minute).
Ausdrucksstärke: Probieren Sie, den Ausdruck zwischen leicht, mittel und stark zu spüren (ca. eine Minute).

Bauen Sie die Übung in 6 Schritten auf
1. Üben Sie erst das Atemmuster.
2. Danach üben Sie den Gesichtsausdruck.
3. Danach üben Sie das Atemmuster und den Gesichtsausdruck zusammen.
4. Danach üben Sie den Körperausdruck.
5. Und schließlich üben Sie das Atemmuster mit dem Gesichtsausdruck und mit dem Körperausdruck zusammen.
6. Machen Sie sich vertraut mit dem Gefühlsausdrucksmuster und üben Sie die Ausdrucksstärke in den drei Ausprägungen leicht, mittel, stark.

Schließen Sie die Übung mit der Neutral-Atmung ab (nach ca. einer halben Minute).Weitere Hinweise mit Bild-Illustrationen: http://www.sbt-in-berlin.de/wissenswertes.html.

4.4 Traurigkeit

In dem Wort Traurigkeit steckt das Wort Trauer. „Eine wesentliche Funktion der Trauer besteht darin, die Anpassung an einen großen Verlust zu unterstützen." (Goleman 1996). Trauer bremst die Vitalität. Bei später zurückkehrender Energie können die Trauernden einen Neuanfang planen. Körperlich drückt sich starke Traurigkeit durch Weinen aus.

Zu wenig Traurigkeit

Traurig sein zu müssen, ist nicht schön. Einige unserer Patienten versuchen, dieses unangenehme Gefühl zu vermeiden. Einigen gelingt dies auch, zumindest für eine gewisse Zeit. Aber das hat auch seinen Preis. Ich könnte vielleicht trotz triftigen Grundes so tun, als würde ich gar nicht traurig sein. Das könnte dann Verleugnung, einfach Nicht-Fühlen oder auch ein Taub-Stellen jeglicher Gefühle sein. Wenn das alles nicht gelingt, kann sich eine depressive Verstimmung entwickeln. Wenn es nicht gelingt, aus der traurigen Stimmung herauszukommen, wird die Traurigkeit verschleppt und es entsteht eine depressive Verstimmung. Es scheint paradox zu sein, aber Trauervermeidung bereitet eine depressive Verstimmung erst vor. Wenn diese lange dauert, entsteht eine dysthyme Störung oder eine depressive Episode. Dabei sollte berücksichtigt bleiben, dass genetische, soziale und psychologische Faktoren mitwirken. In welcher Zusammensetzung und in welcher Ausprägung, ist oft sehr schwer auszumachen. In diesem Zusammenhang wollen wir uns auf die psychologischen Faktoren beschränken und das ist schon sehr viel.

Die Entwicklungschance: So, wie man in der Angsttherapie vom angst-vermeidenden Verhalten zur Angst-Exposition kommt, kann die Therapie von der Trauervermeidung zur Trauerexposition führen. Wenn ich mich mit einem traurigen Ereignis und dem dazugehörigen traurigen Gefühl konfrontiere, kann ich merken, wie es langsam weniger wird – ich bewältige es.

Zu viel Traurigkeit

Der oben beschriebene Herr Grimm kam nicht mehr weg von seiner Trauer, er hing darin fest. Er geht mit einer dysthymen Störung durch sein Leben.

Die Entwicklungschance: Der Weg von der Freudevermeidung zur Freude-Exposition ist befreiend.

Ein Beispiel für zu wenig von dem Gefühl Traurigkeit

Herr Leistikow, ein erfolgreicher Handwerksmeister, kommt mit psychosomatischen Beschwerden in die Therapie. Während der Therapie erkrankt seine Frau ernsthaft. Nach wenigen Monaten erliegt sie einem Krebsleiden. Natürlich ist der Schock groß. Es war eine erfüllte und langjährige Ehebeziehung. Herr Leistikow spricht in der Therapie über seine Trauer ohne Tränen. Er hat den Tod seiner Frau verstandesmäßig anerkannt, fühlt sich jedoch einsam und kann das Alleinsein nur sehr schwer aushalten. Er leidet nun unter der Angst vor dem Alleinsein. Daher begibt er sich viel auf Reisen und ist viel unterwegs. Er versucht, sich abzulenken, was ihm auch gelingt. Als ich in der 35. Therapiesitzung den Eindruck habe, dass er stabil genug ist, sich noch einmal dem schmerzlichen Verlust hier in der

Therapiesitzung zu stellen, lade ich ihn zu der Atemübung zur Traurigkeit ein. Ich tue dies, weil ich ihm die Gelegenheit geben will, sich mit seinem schmerzlichen Verlust bewältigend auseinanderzusetzen. Wir atmen die Übung zum Gefühlsausdrucksmuster Traurigkeit. Er bemüht sich und macht gut mit. Es ist sichtbar, dass er sich noch zurückhält. Ich frage ihn, ob es etwas in ihm gibt, was ein Gefühl zurückhalten will? Er antwortet: „Ja, es ist die Angst davor, was kommen wird!" Ich beteuere mein Verständnis und sage ihm: „Wir haben ja die Möglichkeit, die Atemübung in der Stäke zu regulieren. Wir können nur leicht und wir können mittelstark oder gar stark atmen und entsprechend können wir auch das, was dann kommt, so regulieren! Wenn wir nämlich dem, was da kommt, begegnen, können wir lernen, damit umzugehen." Er nickt zustimmend. Wir atmen weiter, ich sage: „Atmen wir bitte jetzt nur andeutungsweise das Atemmuster!" Er tut es und kurz darauf rötet sich sein Gesicht und in den Augen sammelt sich etwas Tränenflüssigkeit. Ich bestärke ihn und frage, ob er es noch aushalten kann. Er nickt wieder zustimmend. Ich motiviere ihn, indem ich ihm mit einfühlsamer Stimme sage, dass er gerade jetzt an einem wichtigen Punkt bei der Bewältigung seines Schmerzes ist. Ich versuche, ihn noch ein paar Sekunden oder eine Minute in dem Gefühl zu halten, um ihn darin zu begleiten. Es gelingt für etwa eine Minute. Er sagt, dass es jetzt schon besser auszuhalten sei. Wir lassen uns noch etwas Zeit, die Übung zu beenden. Wir schließen mit der ausführlichen Neutralatmung ab und sprechen für die noch verbleibenden 15 min über das, was gerade geschehen ist. Er kann mir erklären, dass er nun nicht mehr so viel Angst vor dem schmerzlichen Gefühl hat und dass es sogar etwas Befreiendes hat. Ich ermutige ihn, die Übung auch zu Hause auszuprobieren.

Therapieergebnis: Tatsächlich konnte sich Herr Leistikow in der folgenden Zeit weiter stabilisieren, er verbrachte mehr Zeit allein zu Hause. Er meisterte seinen Alltag zunehmend besser und nahm seine berufliche Tätigkeit wieder auf.

Ein Beispiel für zu viel von dem Gefühl Traurigkeit
Herr Weinert, ein 59-jähriger verheirateter Ingenieur, kommt erschöpft wirkend und mit Überdruss, was die Arbeit und familiäre Verpflichtungen angeht, in die Therapie. Er kann nicht verstehen, dass ihm die einfachsten Dinge, die er sonst problemlos erledigen konnte, so schwerfallen. Sogar freudige Ereignisse wie die bevorstehende Hochzeit seiner Tochter oder das Anfertigen eines Bildbandes anlässlich des 80. Geburtstags seines Vaters rufen Unlustgefühle in ihm hervor. Ferner kann er nicht verstehen, dass er bei harmlosen Anlässen weinen muss. Er vermittelt mir den Eindruck, dass er voll von Traurigkeit ist und dass seine Traurigkeit manchmal einfach aus ihm in Form von Tränen herausläuft. In einer Stunde, als gerade besonders viel Ratlosigkeit herrscht, frage ich ihn, ob er

Lust habe, eine Atemübung zu den Gefühlen zu machen. Ich leite die Übung an: „Atmen Sie bitte durch die Nase stockend und unregelmäßig in kurzen Zügen ein. Und dann atmen Sie durch den geöffneten Mund wieder einmal ganz aus." Ich mache es vor, er macht mit. Ich bestärke ihn: „Gut, und achten Sie darauf, dass sie die Luft so vollständig wie möglich wieder ausatmen." Er macht es und ich feuere ihn an. „Und jetzt schließen Sie die Augen zur Hälfte und senken Sie den Blick nach unten." Es gelingt ihm gut. „Jetzt lassen Sie den Kopf locker hängen und beugen Sie Ihren Körper etwas, lassen Sie Ihren Körper sich schwer anfühlen und gehen Sie langsam im Raum umher." Ich tue es auch. Dabei ist es mir wichtig, nicht zu viel vorzumachen, damit er seinen eigenen Ausdruck finden kann. Er schaut zu Boden und sagt: „Ich bin ganz traurig!" Ich nicke verständnisvoll und frage: „Können Sie sich an frühere Situationen erinnern, in denen Sie sich so gefühlt haben?" Pause. „Oder kommen Bilder oder Phantasien vor, die damit etwas zu tun haben könnten?" Pause. Er sagt: „Eigentlich habe ich dieses Gefühl schon ganz lange, es gehört zu mir." Ich frage weiter: „Können Sie herausfinden, wann Ihnen das Gefühl zum ersten Mal aufgefallen ist?" Es folgt eine etwas längere Pause. Herr Weinert blickt mich verwundert an und sagt: „Es ist merkwürdig, aber es ist in mir kurz ein Bild aus meiner Jugend aufgetaucht. Wir haben in der Schule eine Mathe-Arbeit geschrieben und ich habe wieder eine schlechte Note bekommen. Ich wollte das Ergebnis nicht meinem Vater zeigen und habe das Arbeitsheft unterm Teppich versteckt." Pause. Ich denke mir, sein Vater hat ihn nur geliebt, wenn er gute Noten geschrieben hatte. Ich frage: „Wären Sie Ihrem Vater ein guter Sohn gewesen, wenn Sie eine gute Note mit nach Hause gebracht hätten?" „Ja, aber ich konnte ihm nicht gerecht werden." Ich nicke verständnisvoll. In diesem Moment, so scheint es mir, hat Herr Weinert einen Bezug zu seiner Traurigkeit. Mir fällt auf, dass er einen Sinnzusammenhang zu seiner Traurigkeit herstellen kann – er wirkt nicht mehr so traurig, als er mir davon erzählt. Ich nehme das als Gelegenheit, noch einmal in das Gefühl mit der Atemübung einzusteigen und wir erproben die drei verschiedenen Intensitätsgrade. Er übt tapfer mit und kann sich seiner Traurigkeit stellen. In diesem Moment führen wir eine Traurigkeits-Exposition durch. Es geht hier wieder darum, das unangenehme Gefühl zu provozieren, damit es da sein kann und zwar ohne Vermeidung – das ist wichtig. Am Ende einer Exposition wird die Gefühlsintensität regelmäßig wieder geringer. Dieses Erlebnis ist für die Klienten entscheidend, um derart unangenehme Gefühle endlich zu bewältigen.

Therapieergebnis: Herr Weinert konnte erkennen, dass seine sonst so unergründliche Traurigkeit auf Begebenheiten in seiner Kindheit zurückzuführen ist. Er konnte nun besser verstehen, dass es damals so schmerzlich war, und dass dieses Gefühl bis heute in ihm wohnt. Manchmal können unscheinbare Ereignisse, die mit Traurigkeit zu tun haben, genau dieses Gefühl wieder auslösen. Indem er erkannte, dass die Traurigkeit gegenwärtig angestoßen wurde, aber aus früherer Zeit kommt, fühlte er Erleichterung.

Anleitung zum Gefühlsausdrucksmuster (effector pattern) für Traurigkeit
Atmung: Atmen Sie stockend in kurzen und unregelmäßigen Zügen durch die Nase ein. Danach atmen Sie durch den geöffneten Mund wieder aus. Achten Sie darauf, die Luft so vollständig wie möglich durch den Mund auszuatmen (ca. eine halbe Minute).
Gesicht: Versuchen Sie, die Augen halb zu schließen, ohne einen Punkt zu fixieren. Senken Sie den Blich nach unten (ca. eine halbe Minute).
Körper: Neigen Sie den Kopf nach unten. Der Körper ist schwer gebeugt, die Bewegungen sind langsam (ca. eine halbe Minute).
Ausdrucksstärke: Probieren Sie, den Ausdruck zwischen leicht, mittel und stark zu spüren (ca. eine Minute).

Bauen Sie die Übung in 6 Schritten auf
1. Üben Sie erst das Atemmuster.
2. Danach üben Sie den Gesichtsausdruck.
3. Danach üben Sie das Atemmuster und den Gesichtsausdruck zusammen.
4. Danach üben Sie den Körperausdruck.
5. Und schließlich üben Sie das Atemmuster mit dem Gesichtsausdruck und mit dem Körperausdruck zusammen.
6. Machen Sie sich vertraut mit dem Gefühlsausdrucksmuster und üben Sie die Ausdrucksstärke in den drei Ausprägungen leicht, mittel, stark.

Schließen Sie die Übung mit der Neutral-Atmung ab (nach ca. einer halben Minute).

Weitere Hinweise und Bild-Illustrationen: http://www.sbt-in-berlin.de/wissenswertes.html.

4.5   Zärtliche Liebe

Zärtliche Liebe kann aus der Liebe der Eltern zu ihrem Kind verstanden werden. Sie ist Grundlage für eine sichere und gesunde Entwicklung des Kindes. Ohne ein Mindestmaß an zärtlicher Liebe könnte das Kind langfristig nicht überleben. Das „Kindchenschema" löst ganz von selbst zärtliche Verhaltensweisen bei den Bezugspersonen aus. Zudem verfügt das Kind über Möglichkeiten des Gesichtsausdrucks und mit seinem Lächeln sowie auch mit seinen Händen, die zärtliche

Liebe auszulösen. Auf der Grundlage der Zärtlichen Liebe können sich Freundschaften entwickeln, welche wiederum den Zusammenhalt einer Gesellschaft gewährleisten.

Zu wenig Zärtliche Liebe

Wenn ein Säugling zur Welt kommt, braucht er viel Zärtliche Liebe, er muss genährt und gepflegt werden, sonst kann er nicht überleben. Jeder lebende Mensch hat so ein Mindestmaß an Zärtlicher Liebe erfahren. Wenn wir ausreichend davon bekommen haben, können wir sie auch weitergeben. Es gibt sogar Menschen, die Zärtliche Liebe weitergeben können, obwohl sie selbst zu wenig bekommen haben. Es scheint so zu sein, dass sie das, was sie selbst zu wenig bekommen haben, nun an andere weitergeben wollen. Ein Mangel an Zärtlicher Liebe bedeutet äußerste Seelenqual für ein Kind. Schmerz, Angst, extreme Verstörung und Verunsicherung breiten sich aus. Die früheste Erfahrung war: Alles ist falsch. Also ist auch das eigene Verhalten falsch. Dieser Mensch traut sich nichts zu und orientiert sich unterwürfig und übergehorsam an anderen Menschen, die ihn womöglich ausnutzen. Im schlimmeren Fall sind zum Beispiel Delinquenz, Kriminalität, Persönlichkeitsstörung, Sucht, Psychose oder Suizid die Folgen (Taëni 1981).

Die Entwicklungschance: Zu wenig geliebten Menschen fehlt Vertrauen. Das ändert sich auch nicht, wenn sie das nicht merken, weil sie gar nicht wissen, was echtes Vertrauen ist. Schwierig wird es in der Therapie, wenn das Angst macht, was sie doch so sehr bräuchten und immer noch brauchen. Hier können wir die Atemübung „Zärtliche Liebe" üben. Es schafft Vertrauen und eine positive Erfahrung zu dem Gefühl.

Zu viel Zärtliche Liebe

Manche – meist schon etwas ältere – Eltern meinen es besonders gut mit ihrem Kind. Sie umsorgen es den ganzen Tag. Diese unnatürliche Art der Fürsorge kann keine gesunde Kindesentwicklung fördern. Kleine Kinder haben das ursprüngliche Bedürfnis, inmitten des Lebens von aktiven Menschen zu sein, dicht bei ihnen und zu beobachten, was alles geschieht. Sie können passiv mit all ihren Sinnen dabei sein – dabei sammeln sie wichtige Lebenserfahrungen. Es ist eine tiefe Frustration für ein Baby, wenn die erwachsene Bezugsperson es fragend anblickt, weil es die erwachsene Bezugsperson zuerst fragend angeblickt hat. Das Kind erwartet eine Person im Mittelpunkt, die stark ist. Das Kind muss seiner Frustration Ausdruck geben, weil es einfach nur da sein und erfahrend teilnehmen will, was ihm nicht gewährt wird. Stattdessen wird es vielleicht derart missverstanden, dass es noch mehr Aufmerksamkeit sucht.

Die Entwicklungschance: Kinder brauchen das Gefühl, dass man sie ihrer Natur nach für soziale Menschen mit guten Absichten hält, die sich bemühen, das Richtige zu tun, und sie erwarten ein zuverlässiges Verhalten der Älteren als Orientierung (Liedloff 1980). Hier können wir auch die Atemübung „Zärtliche Liebe" üben.

Ein Beispiel für zu wenig von dem Gefühl Zärtliche Liebe
Herr Doll wuchs in der DDR im Heim für schwer erziehbare Kinder auf, weil seine alleinerziehende Mutter mit der Erziehung überfordert war. Die Erzieher konnten ihm eine gewisse Grundstruktur geben, aber Liebe und Zärtlichkeit lernte er dort nicht kennen. In der späteren Jugend und als Jungerwachsener lebte er im drogenkriminellen Milieu, wurde mehrmals straffällig wegen Gewalttätigkeit. Irgendwann konnte er sich bewähren und fand nach mehreren Versuchen die „richtige" Partnerin. Er arbeitet als selbstständiger Handwerker und will ein guter Familienvater sein. Er gibt sich viel Mühe, hat nur keine Idee, wie er liebevoll mit seiner Partnerin und den Kindern umgehen kann. Er wirkt komplett alexithym, das heißt er kann hier in der sprachlichen Kommunikation keine Gefühle erkennen. Er kommt zur Therapie und seine Partnerin wird dazu eingeladen. Nach missglückten therapeutischen Versuchen auf der Ebene von Gesprächen, aber auch mittels Kommunikationsübungen, wird die Therapie auf die Atemübungen gelenkt. Diese werden als „Quiz" erklärt – die beiden sollen raten, welches Grundgefühl wohl mit der Atem- und Ausdrucksübung angeregt werden könnte. Überraschenderweise kann Herr Doll die damit einhergehenden Gefühle schnell erkennen. Seine Partnerin schafft das nicht so zügig, sie ist mehr damit beschäftigt, Kontrolle über ihre Gefühle zu haben. Trotzdem wiederholen wir die Übungen.

Therapieergebnis: Das Paar kann den Gefühlsausdruck beim jeweils anderen Partner sehen und fühlen. Das hat sie in dem Moment verbunden. Wir können anschließend zu dritt wichtige Schlussfolgerunen daraus ziehen.

Ein Beispiel für zu viel von dem Gefühl Zärtliche Liebe
Fr. Hehne, eine 38-jährige Künstlerin, kommt mit einem langjährigen Angstsyndrom in die Therapie. Abgesehen davon, dass sie zu viel Angst bei sich hat, trägt sie auch einen Überschuss an Zärtlicher Liebe in Bezug auf ihren in die Pubertät kommenden Sohn in sich. Sie bemuttert ihn, tut dies und tut das für ihn. Sie gibt ihm das, was sie nie bekommen hat, und noch viel mehr.

In der Therapie führt sie die Übung durch zum Gefühlsausdrucksmuster zur Zärtlichen Liebe. Ihr fallen spontan Szenen ein, in denen sie voller Zärtlicher Liebe in Bezug auf ihren Sohn ist. Schon beim Berichten kommt es ihr überzogen vor und sie kann sich selber berichtigen, indem sie sagt, dass er seinen Weg gehen muss und dass sie ihn nicht zurückhalten darf. Sie erkennt, dass sie das gibt, was sie von ihren Eltern nicht bekommen hat – sie fühlt den Schmerz darüber und weint ein wenig. Nun sucht sie nach neuen Wegen, nicht nur für andere da zu sein, sondern auch mehr auf ihre eigenen Bedürfnisse zu achten. Die Übungen zur Wut erweisen sich als hilfreich. Nach der 12. Therapiestunde teilt sie mit, dass sie sich von ihrem Mann trennen wird. Ihr ist diese Entscheidung unerwartet während eines Spaziergangs gekommen. Sie setzte sich intensiv damit auseinander, führte viel Gespräche mit ihrem Mann und mit ihrem Sohn. Es wurde ihr klar, dass sie viel zu lange ihre eigenen Bedürfnisse vernachlässigt und immer nur auf die Bedürfnisse ihres Mannes geachtet hatte. Das ging langfristig so auf ihre Kosten, dass sie es nicht mehr aushalten konnte.

Therapieergebnis: Frau Hehne ist schließlich mit ihrem Sohn in eine eigene Wohnung gezogen. Inzwischen hat sich ihr Zustand stabilisiert, die Therapie wird sie noch weiter begleiten.

Anleitung zum Gefühlsausdrucksmuster (effector pattern) für Zärtliche Liebe

Atmung: Atmen Sie rhythmisch und regelmäßig langsam durch die Nase ein und aus. Versuchen Sie dabei, die Ausatmung leicht zu verlängern (ca. eine halbe Minute).

Gesicht: Der Mund ist halb geschlossen. Experimentieren Sie damit, die Lippen für ein paar Sekunden so zu formen, als wollten Sie ein „E" sagen (ca. eine halbe Minute).

Körper: Sie können auch damit experimentieren, den Kopf für ein paar Sekunden einige Millimeter zu einer Seite zu neigen. Versuchen Sie, den Körper zu entspannen. Der Körper tendiert zu Annäherung (ca. eine halbe Minute).

Ausdrucksstärke: Probieren Sie wieder, den Ausdruck zwischen leicht, mittel und stark zu erspüren (ca. eine Minute).

Bauen Sie die Übung in 6 Schritten auf
1. Üben Sie erst das Atemmuster.
2. Danach üben Sie den Gesichtsausdruck.
3. Danach üben Sie das Atemmuster und den Gesichtsausdruck zusammen.
4. Danach üben Sie den Körperausdruck.
5. Und schließlich üben Sie das Atemmuster mit dem Gesichtsausdruck und mit dem Körperausdruck zusammen.
6. Machen Sie sich vertraut mit dem Gefühlsausdrucksmuster und üben Sie die Ausdrucksstärke in den drei Ausprägungen leicht, mittel, stark.

Schließen Sie die Übung mit der Neutral-Atmung ab (nach ca. einer halben Minute).

Weitere Hinweise mit Bild-Illustrationen: http://www.sbt-in-berlin.de/wissenswertes.html.

4.6   Erotische Liebe

„Wenn Du geliebt werden willst, liebe!", wusste schon der römische Philosoph Seneca (4 v. Chr. – 65 n. Chr.). Aber das allein reicht noch nicht aus. Genauso wichtig ist die Zuneigung einer attraktiven Person (Kast 2004). Attraktivität setzt sich einerseits zusammen aus dem Äußeren, dem Gesicht, dem Geruch, dem Körper und andererseits der Persönlichkeit. Früher meinte man auch mit Charakter die Persönlichkeit. Platon (428 v. Chr. – 348 v. Chr.) hatte die Idee: „Ein Partner gibt uns etwas, das uns fehlt, er macht uns wieder ganz." Er erweitert uns selbst, sagt der zeitgenössische Psychologe Aron (1996). Liebe verbindet uns und ermöglicht vorher ungeahnte Handlungen und Erlebensweisen. Ohne Liebe würde es keine Menschen mehr geben – sie wären in der Vereinzelung eingegangen.

Zu wenig Erotische Liebe
Wer lieblos aufwächst, tut sich schwer, selbst Liebe zu geben. Eine Gesellschaft mit entsprechenden Medien, in denen Liebe mit häufig ausgeübter Sexualität gleichgesetzt wird, bietet wenig Entwicklungsmöglichkeit für gefühlte erotische Liebe. Es kann auch sein, dass sich eine reife erotische Liebe nicht entwickeln kann, wenn andere wichtige Gefühle dies behindern, weil sie Vorrang haben. Dies kann der Fall sein, wenn schwere Schicksalsschläge vorgekommen sind oder wenn schwere zwischenmenschliche Probleme in der Familie vorherrschen. Wir müssen in unserem Kulturkreis aber auch feststellen, dass wir trotz unserer tiefen Sehnsucht nach Liebe doch vieles andere für wichtiger erachten: Erfolg, Prestige, Geld und Macht (Fromm 2009).

Die Entwicklungschance: Nicht mehr das eigene Funktionieren in der Gesellschaft ist das Wichtigste, sondern der Mensch, der mir gegenüber ist. In der liebenden Begegnung macht es Spaß, sich mit dem Partner zu unterhalten, beide können miteinander reden. Respekt und gegenseitige Bewunderung, aber auch die Lust, sich zu berühren und körperlich zu fühlen als erotische Anziehung werden die Grundlagen zum Liebesglück.

Zu viel Erotische Liebe

Die Erotische Liebe fängt normalerweise an, sich zu entwickeln, wenn Kinder in die Pubertät kommen. Es dauert meist Jahre, bis sich dieses vielleicht wunderbarste Gefühl sicher in dem jungen Menschen verankern kann. In dieser Zeit müssen viele Erfahrungen damit gemacht werden. Es kann aber auch zahlreiche Störeinflüsse geben.

Die Entwicklungschance: entspricht der Entwicklungschance bei zu wenig Erotischer Liebe.

Ein Beispiel für zu wenig von dem Gefühl Erotische Liebe

Herr Zwingli, ein 28-jähriger Mann im Sicherheitsdienst, kommt in Begleitung seiner hochschwangeren Frau zur 1. Probe-Therapiesitzung. Während sie draußen wartet, berichtet er von seinen eigenartigen Gedanken: „Ich kann meine Frau nicht lieben und muss sie dann verlassen!" Obwohl er diesen Gedanken als unsinnig empfindet, zwängt er sich immer wieder auf. Viele Male täglich holt er sich bei seiner Partnerin die Rückversicherung ein, dass sie ihn noch liebe. Vor einigen Wochen litt er zudem unter großen Angstzuständen, sodass ihn die behandelnde Psychiaterin für vier Wochen arbeitsunfähig erklärte und ihm ein modernes Antidepressivum (SSRI) verschrieb. Wir begannen eine klassische verhaltenstherapeutische Behandlung von Zwangsgedanken. Es kam in den Sitzungen auch zur Sprache, dass er vor fünf Jahren mit einer anderen Frau unmittelbar vor der Heirat stand und dass die damalige Braut am Tage der Hochzeit ihn ohne weitere Erklärung verlassen hatte. Während der Partnerschaft habe sie sich darüber beklagt, dass er so wenig seine Gefühle zeige. Auch die jetzige Frau merkte an, dass sie ihn noch nie habe weinen sehen. Auch mir fiel auf, dass er nicht gerade ein Gefühlsmensch ist. Trotzdem wollte er gemeinsam mit mir mehr über seine Gefühle herausfinden.

In der 14. Sitzung widmen wir uns den verschiedenen Atemübungen, teilweise werden die Übungen mit einer Videokamera aufgenommen. Später helfen die Videoaufzeichnungen, das Erlebte zu festigen. Wir üben alle sechs verschiedenen Atemübungen. Die Atemübungen zum Ausdruck von Zärtlicher und Erotischer Liebe sind hier besonders hilfreich. Ich pflege diese beiden Übungen fast immer innerhalb einer Einheit durchzuführen. Ich bitte ihn, mit mir in unseren Sesseln sitzend, die Atemübung durchzuführen: „Atmen Sie rhythmisch und regelmäßig langsam durch die Nase ein und aus. Versuchen Sie dabei, die Ausatmung leicht zu verlängern, ca. eine halbe Minute. Öffnen Sie den Mund ganz leicht und experimentieren Sie damit, die Lippen für ein paar Sekunden so zu formen, als wollten Sie ein ‚E' sagen, ca. eine halbe Minute. Experimentieren Sie auch damit, den Kopf für ein paar Sekunden einige Millimeter zu einer Seite zu neigen. Versuchen Sie, den Körper zu entspannen." Er macht alles gut mit. Bei dieser Übung lege ich Wert darauf, dass sich der Patient unbeobachtet fühlt. Wir schauen beide, jeder für sich, zum Fenster heraus, während wir üben. Wir lassen uns etwa fünf Minuten Zeit. Bei der Auswertung kann er sagen: „Ich habe draußen den Kirschbaum gesehen und stellte mir vor, mit meiner Frau eine romantische Liebesszene zu haben, es war sehr schön!" Ich bestärke ihn und freue mich mit ihm. Als Hausaufgabe gebe ich die Empfehlung, die Übung möglichst täglich zu wiederholen. Er sollte auch Gebrauch von den unterschiedlichen Ausprägungen leicht, mittel und stark machen. In den späteren Sitzungen berichtet er mir, dass er eine Möglichkeit gefunden habe, die Übung in seinem Arbeitszimmer zu machen. Wir fokussierten die Erlebnisse in den folgenden vier Wochen.

Therapieergebnis: In der 19. h war eine deutliche Besserung seiner Zwangssymptome nachzuweisen. Wir hatten am Anfang der Therapie und in dieser Sitzung einen spezifischen Test zur Beurteilung der Ausprägung der Zwangskrankheit gemacht. Offensichtlich stellte die Atemübung zum Gefühlsausdruck Liebe eine Exposition dar. Liebe hatte er mit Verlust in Verbindung gebracht, nicht nur wegen der Erfahrung mit seiner ersten Braut, sondern auch aus Erfahrungen in der Kindheit. Die Atemübung zum Gefühlsausdruck Liebe erlebte er nun sehr angenehm, ohne Verlust zu befürchten. Er konnte Liebesgefühle in seiner Fantasie in der Übung zulassen. Das entspricht einer Exposition mit dem Liebesgefühl. Zwangsgedanken traten hier in den Hintergrund. Die Wiederholung der Übungen zwischen den Therapiesitzungen wirkte sich sehr positiv aus.

Ein Beispiel für zu viel von dem Gefühl Erotische Liebe
Herr Hahn ist ein 32-jähriger lediger Autoverkäufer. Er kommt wegen Herzängsten und Problemen in Herzensangelegenheiten zur Therapie. Er beschäftigt sich die meiste Zeit des Tages mit Erotischer Liebe. Seine langjährige Partnerin hat vor Kurzem die Beziehung beendet. Er hat wiederholt sexuelle Beziehungen zu anderen Frauen. Während der Probetherapie begibt er sich in das nächste Liebesabenteuer. Es wird mir immer deutlicher, dass er liebessüchtig ist. Ich schlage die Übung zum Gefühlsausdrucksmuster zur Erotischen Liebe vor. Auffällig ängstlich und mit Vorbehalten erklärt er sich bereit; er macht die Übung aber gut mit. Der Ausdruck gelingt ihm auch gut, aber er erklärt mir, dass es sich unecht anfühle. Zunächst kann er sich gar nicht vorstellen, dass die Übung mit seiner erotischen Wirklichkeit etwas zu tun haben könnte. Ich frage ihn, ob dieses Gefühl, dass die Liebe nicht richtig echt ist, auch in seinem erotischen Leben schon vorgekommen ist? Seine Antwort: „Es ist tatsächlich oft da, aber während intensiver sexueller Aktivität ist es nicht da (das nicht Echte). Dann fühle ich mich beglückt." Er ist überrascht über seine eigene Antwort und findet heraus, dass er sich zu viel mit sich selbst beschäftigt und dass er gar nicht richtig bei

seiner jeweiligen Partnerin sein kann. Unser Fazit aus der Übung: Er ist zwar in der Lage, Partnerinnen zu finden, aber er spielt oft mit ihnen Erotische Liebe – es ist nicht wirkliche Erotische Liebe. Die Partnerinnen merken es.

Es ist ein Ersatzgefühl für etwas Anderes. Aber was soll ersetzt werden? Seine Mutter starb an Krebs, als er 15 Jahre alt war. Er sagt: „Damals war sie die wichtigste Frau in meinem Leben." Es gab viel Streit in der Ehe der Eltern. Er tröstete seine Mutter oft und versuchte, ihr beizustehen. Kurz nach dem Tod entwickelte er körperbezogene Ängste. Liebesabenteuer waren dann geeignet, sich von diesen Ängsten abzulenken. Wir überlegen, was er lernen müsste auszuhalten, um sich nicht wieder mit zu viel Liebe ablenken zu müssen. Wir entwickeln gemeinsam die Idee, dass Achtsamkeitsübungen und kurze Sitzmeditationen helfen könnten. Es hilft ihm, Momente der Leere auszuhalten und er lernt, dass er körperliche Missempfindungen kurzzeitig akzeptieren kann. Er kommt noch zu gelegentlichen Nachsorgeterminen.

Therapieergebnis: Herr Hahn will ein einfühlsamer Partner für seine Freundin sein und auf dieser Grundlage eine stabile Familie aufbauen. Er arbeitet nach Kräften, um diesem Ziel näherzukommen und macht gute Fortschritte. Die Atem- und Achtsamkeitsübungen sind sehr hilfreich.

Anleitung zum Gefühlsausdrucksmuster (effector pattern) für Erotische Liebe:
Atmung: Atmen Sie ruhig und entspannt durch den leicht geöffneten Mund ein und aus (ca. eine halbe Minute).
Gesicht: Versuchen Sie, die Augen dabei zu schließen oder nur halb zu öffnen. Legen Sie den Kopf etwas in den Nacken und versuchen Sie, die Muskeln des Gesichts zu entspannen (ca. eine halbe Minute).
Körper: Richten Sie Ihre Aufmerksamkeit auf den Bauch und achten Sie darauf, wie es sich dort anfühlt (ca. eine halbe Minute).
Ausdrucksstärke: Probieren Sie, den Ausdruck zwischen leicht, mittel und stark zu fühlen (ca. eine Minute).

Bauen Sie die Übung in 6 Schritten auf
1. Üben Sie erst das Atemmuster.
2. Danach üben Sie den Gesichtsausdruck.
3. Danach üben Sie das Atemmuster und den Gesichtsausdruck zusammen.
4. Danach üben Sie den Körperausdruck.
5. Und schließlich üben Sie das Atemmuster mit dem Gesichtsausdruck und mit dem Körperausdruck zusammen.
6. Machen Sie sich vertraut mit dem Gefühlsausdrucksmuster und üben Sie die Ausdrucksstärke in den drei Ausprägungen leicht, mittel, stark.

Schließen Sie die Übung mit der Neutral-Atmung ab (nach ca. einer halben Minute).

Weitere Hinweise mit Bild-Illustrationen: http://www.sbt-in-berlin.de/wissenswertes.html.

4.7 Übungsauswertungen

Die Reflexion der Erfahrungen während und nach den Übungseinheiten erweist sich als sehr hilfreich.

A (ein Gefühl)

1.	Konnten Sie ein Gefühl empfinden?	Ja	Nein
2.	Wenn Nein, gehen Sie zu Übungsauswertung B.		
3.	Wenn Ja, kam es schnell und deutlich?	Ja	Nein
4.	Oder hat es sich ganz allmählich aufgebaut?	Ja	Nein
5.	Fiel es Ihnen leicht, dieses Gefühl anzunehmen?	Ja	Nein
6.	Fiel es Ihnen schwer, dieses Gefühl anzunehmen?	Ja	Nein
7.	Hatten Sie Erinnerungen an frühere Situationen?	Ja	Nein
8.	Hatten Sie Fantasien an frühere Situationen?	Ja	Nein
9.	Hatten Sie Gedanken dabei?	Ja	Nein

Übungsauswertung B (kein Gefühl)
Sie konnten kein Gefühl bei sich wahrnehmen.

1.	Wollte etwas in Ihnen das Gefühl zurückhalten?	Ja	Nein
2.	Gab es ein Ersatzgefühl, das ein erstes Gefühl zurückhalten wollte?	Ja	Nein
3.	Konnten Sie selber eine Erklärung dafür finden?	Ja	Nein

Wenn Ja, haben Sie die Möglichkeit, es schriftlich auszuführen.

Wenn Nein, vielen Dank für Ihre Bereitschaft und Ihr Interesse, mit dieser Methode etwas Neues über sich selbst zu erfahren.

Was Sie aus diesem *essential* mitnehmen können

- Die Vorbereitungsübungen dienen dazu, die körperliche Lockerung auszuprobieren. Dabei können Sie wichtige und unmittelbare Erlebnisse und damit verbundene Gefühle haben.
- Die Anweisungen zu den Gefühlsausdrucksmustern werden exakt beschrieben und Schritt für Schritt aufgebaut. Zuerst wird die Neutralatmung erklärt und dann werden die Übungen zu den speziellen Gefühlen dargestellt. Gleich danach können die Erlebnisse mit den Fragen der Übungsauswertung beurteilt werden.
- Echte Fallbeispiele zeigen, wie Sie in einer Therapiesituation die Atemübungen mit den Gefühlsausdrucksmustern üben können.
- Es wird erklärt, wie Sie die Übungen mit Ihren Patienten auswerten und den therapeutischen Nutzen steigern können.
- Sie können Mut und Lust bekommen, die Übungen auch in Ihren Therapien anzuwenden.

© Springer Fachmedien Wiesbaden 2017
L. Theßen, *Mit Atemübungen zum Gefühlsausdruck,* essentials,
DOI 10.1007/978-3-658-15708-1

Literatur

Aron, A., & Aron, E. N. (1996). Self-expansion in relationship. In G. J. O. Fletcher & J. Fitness (Hrsg.), *Knowledge structures in close relationships: A psychological approach.* Mahwah: Erlbaum.

Beck, A. T. (2004). *Kognitive Therapie der Depression. Herausgegeben von Martin Hautzinger* (3. Aufl.). Weinheim: Beltz.

Birbaumer, N., & Schmidt, R. F. (1991). *Biologische Psychologie.* Berlin: Springer.

Bloch, S. (1989). Effector patterns of basic emotions: An experimental model for emotional induction. *Behavioral & Brain Research, 33,* 317.

Freud, S. (1890/1975). Psychische Behandlung (Seelenbehandlung). In S. Freud (Hrsg.), *Schriften zur Behandlungstechnik – Studienausgabe,* Ergänzungsband (S. 13–35). Frankfurt a. M.: Fischer.

Fromm, E. (2009). *Die Kunst des Liebens.* Berlin: Ullstein.

Goleman, D. (1996). *Emotionale Intelligenz.* München: Hanser.

Hauke, G. (2013). *Strategisch Behaviorale Therapie (SBT).* Heidelberg: Springer.

Hauke, G., & Dall'Occhio, M. (2015). *Emotionale Aktivierungstherapie (EAT): Embodimenttechniken im Emotionalen Feld.* Stuttgart: Schattauer.

Kast, B. (2004). *Die Liebe und wie sich Leidenschaft erklärt.* Frankfurt a. M.: Fischer.

Lehwinson, P. M. (1974). A behavioral approach to depression. In R. J. Friedmann & M. M. Katz (Hrsg.), *The psychology of depression* (S. 157–178). New York: Wiley & Sons.

Liedloff, J. (1980). *Auf der Suche nach dem verlorenen Glück.* München: Beck.

Margraf, J., & Schneider, S. (1989). *Panik: Angstanfälle und ihre Behandlung.* Berlin: Springer.

Reisenzein, R. (2000). Worum geht es in der Debatte um Basisemotionen? In J. Försterlin (Hrsg.), *Kognitive und motivationale Aspekte der Motivation* (S. 205–237). Göttingen: Hogrefe.

Seligman, M. (1979). *Erlernte Hilflosigkeit.* München: Urban & Schwarzenberg.

Stern, D. (2002). *Tagebuch eines Babys. Was ein Kind sieht, spürt, fühlt und denkt.* München: Piper.

Sulz, S. (1994). *Strategische Kurzzeittherapie: Wege zur effizienten Psychotherapie.* München: CIP-Medien.

Sulz, S. (2000). *Das Verhaltensdiagnostiksystem VDS. Von der Anamnese zum Therapieplan.* München: CIP-Medien.

Taëni, R. (1981). *Das Angst-Tabu und die Befreiung.* Reinbek: Rowohlt.

© Springer Fachmedien Wiesbaden 2017

L. Theßen, *Mit Atemübungen zum Gefühlsausdruck,* essentials,

DOI 10.1007/978-3-658-15708-1

""

Lesen Sie hier weiter

Gernot Hauke

Strategisch Behaviorale Therapie (SBT)

Emotionale Überlebensstrategien –
Werte – Embodiment

2013, XVI, 236 S.
Hardcover: € 49,99
ISBN 978-3-642-29729-8

Änderungen vorbehalten.
Erhältlich im Buchhandel oder beim Verlag.

Einfach portofrei bestellen:
leserservice@springer.com
tel +49 (0)6221 345-4301
springer.com